sociología y política

POLÍTICA Y/O VIOLENCIA

una aproximación a la guerrilla
de los años setenta

pilar calveiro

siglo veintiuno
editores

siglo xxi editores, méxico	siglo xxi editores, argentina
CERRO DEL AGUA 248, ROMERO DE TERREROS	GUATEMALA 4824, c1425BUP
04310 MÉXICO, D.F.	BUENOS AIRES, ARGENTINA
www.sigloxxieditores.com.mx	www.sigloxxieditores.com.ar

salto de página	biblioteca nueva	anthropos
ALMAGRO 38	ALMAGRO 38	DIPUTACIÓN 266, BAJOS
28010 MADRID, ESPAÑA	28010 MADRID, ESPAÑA	08007 BARCELONA, ESPAÑA
www.saltodepagina.com	www.bibliotecanueva.es	www.anthropos-editorial.com

---

Calveiro, Pilar
Política y/o violencia: Una aproximación a la guerrilla de los años setenta.- 1ª ed.- Buenos Aires: Siglo Veintiuno Editores, 2013.
160 p.; 21x14 cm.- (Sociología y política)

ISBN 978-987-629-326-6

1. Políticas Públicas. 2. Sociología. 3. Violencia. I. Título.
CDD 320.6

Una primera edición de este libro fue publicada en 2005 por Editorial Norma

© 2013, Siglo Veintiuno Editores S. A.

Diseño de cubierta: Eugenia Lardiés

ISBN 978-987-629-326-6

Impreso en Altuna Impresores // Doblas 1968, Buenos Aires, en el mes de julio de 2013

Hecho el depósito que marca la ley 11.723
Impreso en Argentina // Made in Argentina

Índice

Memorias   9

Rehistorizar el pasado   23

   Mesianismo autocrático   25
   Segundas partes…   41
   El poder desaparecedor   55
   Disciplina militar y disciplinamiento social   61
   La obediencia indebida   71

La obediencia armada   75

   La desobediencia armada   77
   Política y violencia   95
   Atrapados   101
   Una lógica cerrada   111
   Cerco y aniquilamiento   137
   Una reflexión final   145

Posfacio a la presente edición   149

Memorias

Todo acto de memoria se interroga por su fidelidad, sin hallar jamás respuestas definitivas. Lejos de la idea de un archivo, que fija de una vez y para siempre su contenido, la memoria se encarga de deshacer y rehacer sin tregua aquello que evoca. Y, sin embargo, no deja de inquietarse, con razón, por la fidelidad de su recuerdo.

La repetición puntual de un mismo relato, sin variación, a lo largo de los años, puede representar no el triunfo de la memoria sino su derrota. Por una parte, porque toda repetición "seca" el relato y los oídos que lo escuchan; por otra, porque la memoria es un acto de recreación del pasado desde la realidad del presente y el proyecto de futuro. Es desde las urgencias actuales que se interroga el pasado, rememorándolo. Y, sin embargo, al mismo tiempo, es desde las particularidades de ese pasado, respetando sus coordenadas específicas, que podemos construir una memoria fiel.

Se trata, en consecuencia, de un doble movimiento: recuperar la historicidad de lo que se recuerda, reconociendo el sentido que en su momento tuvo para los protagonistas, a la vez que revisitar el pasado como algo cargado de sentido para el presente.

En este texto pretendo realizar un ejercicio de memoria, no una historia, sobre las circunstancias que llevaron al momento de mayor violencia política en la Argentina –los años del llamado Proceso de Reorganización Nacional–, y el papel que les cupo en ellas a las organizaciones armadas.

La política desaparecedora de los años 70 comprendió, junto a la desaparición de personas, el intento de "desaparecer" al mismo tiempo los crímenes y los responsables. Con enorme esfuerzo, nuestra sociedad realizó un gran acto de memoria colectiva –el único de tal envergadura en toda América Latina– que logró el reconocimiento público del crimen, la responsabilidad del Estado y, sobre todo, el juicio a los culpables. La infamia de las leyes de Obediencia Debida y Punto Final y, más que nada, el indulto a los culpables no pueden opacar el enorme trabajo sobre la memoria hecho antes y después por la sociedad argentina.

Identificar y condenar a los responsables del terrorismo de Estado ha sido reparador en muchos órdenes, pero temo que también nos ha llevado a postergar el análisis de otras responsabilidades. El rechazo a la teoría de los dos demonios no nos puede desviar hacia la de un único demonio, el poder militar, como si el resto de la sociedad hubiera sido una víctima inmóvil, ajena a toda responsabilidad. Todos los Estados son potencialmente asesinos pero, para que se pueda instaurar una política de terror a través de un poder concentracionario y desaparecedor, hace falta algo más que un puñado de militares crueles y ávidos de poder. Todo autoritarismo de Estado crea y potencia el autoritarismo social que, a su vez, lo sostiene; podríamos decir que "nada en su caldo". Sin embargo, tampoco es posible pensar lo autoritario como una responsabilidad difusa que todos comparten por igual. Si bien es cierto que nadie resulta completamente ajeno, existen actores con una participación más o menos comprometida. Creo que en este largo ejercicio de recuperación de la memoria –que lleva casi treinta años y que nos llevará toda la vida– es necesario entrar en otras zonas, tal vez más complejas, pero ineludibles. Me refiero a la responsabilidad de los actores políticos nacionales: partidos, sindicatos y organizaciones.

En este trabajo trato de historizar brevemente las circunstancias políticas que llevaron al "poder desaparecedor" del

Proceso como culminación, precisamente, de un proceso, que arranca mucho tiempo antes, y en el que se puede reconocer la responsabilidad de la mayor parte de los actores políticos argentinos, en especial los partidos y sus líderes. Asimismo abordo la conformación de los grupos guerrilleros como fenómeno inseparable y protagónico de esa historia, para pasar a un análisis de su práctica y de lo que considero sus responsabilidades específicas en el desastre final. No se trata de uno, dos o veinticinco millones de demonios; se trata de entender qué pasó, es decir, qué nos pasó, a todos nosotros, desde el lugar que cada uno ocupó y ocupa. No creo en los *mea culpa* –sean catárticos o catastrofistas– pero sí en la posibilidad de entender sinceramente el pasado para "abrir" el futuro.

Si todo acto de memoria comporta la doble dificultad de reinsertarlo en su sentido original y releerlo a la luz de los desafíos del presente, creo que el que tratamos de abordar aquí la multiplica. Aunque se trata de sucesos que ocurrieron hace apenas treinta años, lo que en términos históricos no representa un período demasiado largo, parecen haber sucedido –y de hecho sucedieron– en otro milenio. ¿Qué tanto ha cambiado el mundo y el país en estas tres décadas? Mucho y nada. Es cierto que no pueden ocurrir cambios absolutamente radicales en un período tan breve y que las grandes transformaciones ocurren en ciclos de larga duración. Sin embargo, hay momentos de la historia en que los procesos se aceleran; se habla, con una metáfora mecánica y poco feliz, de "saltos" de la historia, como si esta avanzara. Sin suponer avance o progreso alguno –en el sentido de un "ir a mejor"–, es indudable que durante estos treinta años hemos presenciado enormes movimientos que comprenden la reconfiguración hegemónica del mundo como un proceso aún en curso. Hablar de una reconfiguración de esta naturaleza implica mucho más que nuevas formas de acumulación y distribución de la riqueza; comprende una reestructuración de las sociedades, de la política, de los imaginarios y del mundo como mundo de sentido.

La organización bipolar de la Guerra Fría se basaba en una constelación de espacios y valores que reivindicaban lo estatal, lo público y lo político como posibles principios de universalidad. Admitía la lucha, la confrontación y la revolución como formas, si no únicas, válidas y valiosas de la política. Se definían y guardaban las fronteras –nacionales, ideológicas, de género–. Existía una extraordinaria tendencia a realizar clasificaciones y, sobre todo, formas de organización binarias –explotados y explotadores, justo e injusto, correcto e incorrecto–. Las personas reivindicaban la disciplina, la razón, el esfuerzo –que las instituciones grababan en ellas– como parte de sus logros. Por supuesto, estos rasgos convivían con sus contrarios y con toda la gama de matices que jamás se pueden expulsar de la realidad, pero se podría decir que, tendencialmente, organizaban la visión del mundo.

La reorganización global a la que asistimos ha construido una constelación del todo diferente, basada en la valorización de la sociedad civil y lo privado, por oposición al Estado y el sistema político, casi siempre satanizados. Se reivindica la concertación y, con cierta hipocresía, se condena toda forma de violencia abierta, en especial política. Se avanza hacia la ruptura o desdibujamiento de fronteras –por lo transnacional, lo híbrido, lo transgenérico–. Se exaltan las diversidades y, para permitir su libre expresión, la organización en redes. Los sujetos reivindican la personalización de todo, la individualización, el sentimiento y el disfrute. Estos valores, que esconden un potencial autoritario tan poderoso como los anteriores –aunque se exprese de manera diferente–, se presentan prácticamente como incuestionables en el mundo actual, precisamente porque son parte de la reconfiguración de los imaginarios y los sujetos, de la que no están exentos los seres humanos medios, de una sociedad media como la argentina. Como en el caso anterior, no impiden la aparición de sus contrarios pero, por lo regular, los "expulsan" de la representación y del discurso.

Los jóvenes que participaron en la política de hace treinta años pensaban el mundo desde la primera de estas constelaciones. Sus actos resultan incomprensibles o incluso demenciales —aun para ellos mismos— si se los pretende analizar desde los referentes de sentido actualmente predominantes. Es necesario tender un puente entre nuestra mirada actual y la de entonces; no hay una verdadera y otra falsa sino que se trata de construcciones diferentes que corresponden a momentos distintos del poder y de las resistencias.

Cuando la memoria de un pasado cuyo sentido fue eminentemente político se construye como memoria individual y privada, recupera este aspecto, pero de alguna manera traiciona por lo menos en parte el sentido de lo que fue. Reconstruir la historia de un militante desaparecido desde la "*normalidad* de una *vida plena* injustamente truncada"[1]* desconoce precisamente lo que fue su intención: no ser un sujeto "normal" —buen alumno y ahorrador— sino un revolucionario, con una vida sacrificada, de renuncia a la plenitud personal para obtener un fin superior y colectivo. Esto es lo que a sus ojos resaltaría la injusticia de su asesinato.

Desde este punto de vista, la memoria individualizante y privada pierde los sentidos políticos de la acción. Por eso resulta ajena para los protagonistas más directos. Da Silva Catela refiere que la esposa de un desaparecido, después de un acto de homenaje, le expresó: "Ahí descubrían la placa donde estaba mi marido y tantos compañeros. Me pareció espantoso. El problema es que tengo otra escuela política, entonces yo noto que *hay una manera de hacer política con un contenido* y que frente a la orfandad se *borra toda continuidad política*, aparecen todas las organizaciones de Derechos Humanos y entonces no estamos nutriendo la lucha sindical, la lucha estudiantil... en general es muy po-

---

1. Ludmila da Silva Catela, *No habrá flores en la tumba del pasado*, La Plata, Ediciones Al Margen, 2001.

* Las palabras o expresiones destacadas con itálicas en las citas textuales corresponden en todos los casos a la autora. [N. de E.]

bre... Gente llorando horas. Yo creo que cualquiera de mis compañeros se levantan de la tumba y se agarran de los pelos, digo, se levantan de la tumba o del Río de la Plata, donde estén y se agarran de los pelos... es muy unilateral, se quedan con el dolor pero no vi un solo activo, que reivindicase luchas, en concreto y en acción, no, no, no. Se toma sólo un aspecto 'Aquí estoy, que mi papá, que mi mamá, que esto, que el otro', es una terapia de grupo. Y *la política es otra cosa*, e insisto, tiene leyes que le son propias y entonces actos de qué tipo, ¿de qué tipo son?".[2]

Si este ángulo de la memoria sustrae el componente político fundamental que alentó la práctica de los militantes, creo que tampoco se trata, como lo afirma Hebe de Bonafini, de que "la única forma de reivindicarlos es hacer lo que hicieron ellos".[3] Creo que la memoria aparece en lugar de algo que ya no está, pero no lo hace para repetirlo sino para evocarlo "trayendo" su sentido y enlazándolo con los sentidos del presente.

El rescate de la militancia política para su "imitación", la exaltación de vidas "heroicas" que no están sujetas a crítica, realiza otra sustracción: impide el análisis, la valoración de aciertos, de errores y, con ello, la posibilidad de revisar la práctica y actuar en consecuencia. En suma, es otra forma de sustracción de la política.

La memoria, en cambio, puede hurgar por los vericuetos no de una verdad única pero sí de verdades parciales, sucesivas, que reconstruyan los hechos, que los interpreten desde distintos ángulos y que nos permitan acabar con las diversas impunidades. En este sentido, es necesario recuperar quiénes fueron los militantes de los años 70, qué hicieron y qué no hicieron para potenciar el estallido de violencia que terminó por destruirlos. Tal como lo planteó la Asamblea Permanente por los Derechos Humanos de La Plata, el derecho a la verdad —o a las verdades— se reclama "no sólo para que nos digan

---

2. *Ibidem*, p. 217.
3. Da Silva Catela, *op. cit.*

dónde están nuestros compañeros desaparecidos por el terrorismo de Estado, sino también para esclarecer todas las circunstancias que rodearon la desaparición, es decir, cuándo, dónde y de qué manera desaparecieron y, en especial, quiénes fueron los responsables mediatos e inmediatos".[4] Desde mi punto de vista, estas responsabilidades, mediatas e inmediatas, comprenden un cúmulo de consideraciones que exceden el aparato militar en sí mismo.

De la misma manera, el escrache, entendido en forma genérica, es otra de las formas que considero indispensables en la construcción de la memoria. Es necesario escrachar, poner en evidencia, impedir el disimulo de quienes se hacen los desentendidos en relación con las responsabilidades que les cupieron. Hay que escracharnos, políticamente hablando, no como un "castigo" sino como una forma de ser veraces para, de verdad, pasar a otra cosa. En este sentido, escrachar es exhibir-se en términos de la práctica política anterior, de la que hay que dar cuenta para que la presente adquiera nuevos sentidos.

La memoria "rebelde, corcoveante, difícil de domar",[5] se dice entre muchas voces, que no siempre son afines pero que pueden articularse. El asunto es ese: no acallar las voces discordantes con la propia, sino sumarlas para ir armando, en lugar de un *puzzle* en que cada pieza tiene un solo lugar, una especie de calidoscopio que reconoce distintas figuras posibles.

Historizar es una forma de unir lo que fue con lo que es, en este caso, reconocer las violencias pasadas en las presentes, las "violencias en democracia", como el gatillo fácil o el asesinato de militantes sociales. Pero también es romper esas continuidades para indagar en las diferencias.

En fin, el ejercicio de la memoria es, sobre todo, una recuperación del sentido, así como el olvido sistemático es

---

4. *Ibidem*, p. 255.
5. Munú Actis, Cristina Aldini y otras, *Ese infierno*, Buenos Aires, Sudamericana, 2001, p. 34.

la pérdida de todo sentido –del sentido– o, en otros términos, la locura. Cuando decimos que al recordar revivimos, se puede pensar que volvemos a vivir, desde nuestro cuerpo, la experiencia que está allí inscrita, pero también que el acto de recordar nos da la posibilidad de volver a vivir. Al reencontrar el sentido del pasado, este se abre, actualizando a su vez la posibilidad misma de sentido en el presente.

La pérdida de memoria es una pérdida de sentido del pasado y del presente, que se acompaña de otras pérdidas. En el caso que nos ocupa las pérdidas son numerosas. En primer lugar, hay una derrota política: la de un conjunto de proyectos disímiles, pero al mismo tiempo confluyentes en algunos puntos principales. El amplio espectro de la izquierda latinoamericana intentó, en los años 70, distintos modelos alternativos a la hegemonía norteamericana, cuyo común denominador era, en un sentido muy gramsciano, el de ser nacionales y populares. En todo caso, todos coincidían en la necesidad de acabar o disminuir el dominio de los Estados Unidos en la región. Las "guerras sucias" se encargaron de eliminar, uno a uno, esos proyectos y, sin duda, el Proceso se inscribe dentro de esa estrategia general.

Sin embargo, este hecho no cancela el análisis de la derrota, sino al contrario. El triunfo del Proceso y su continuidad en los gobiernos subsiguientes muestran a las claras que hubiera sido necesario hacer otras apuestas políticas alternativas para evitar el desastre que sucedió; muestran también que el modelo norteamericano se impuso por la fuerza de las armas. Pero esas armas estuvieron empuñadas por militares argentinos, respaldadas por numerosos sectores políticos y toleradas en silencio por un gran porcentaje de la población. "Buscábamos inconscientemente una salida salvadora", o bien "estábamos acostumbrados", o incluso "pensamos que la Revolución traería más tranquilidad", dicen algunos testigos que vivieron en aquella época.[6] Amplios sectores de la sociedad apoyaron o aceptaron en silencio el golpe de 1976

---

6. Da Silva Catela, *op. cit.*, p. 50.

porque desde bastante antes el intento de constituir un proyecto alternativo había perdido sustento político y había sido derrotado. Eso precisamente es lo que hay que analizar. Los sobrevivientes, los militantes, los actores políticos principales de entonces tienen que retomar la palabra, una palabra crítica que dé cuenta de los sentidos y los sinsentidos de lo actuado. Mientras eso no ocurra, buena parte de la memoria se replegará a los espacios privados y eludirá la dimensión política que le correspondió a aquella práctica. No es la sociedad en general la que tiene que "destruir ese poder que tiene la tiranía de mantener prisioneras a sus víctimas y testigos mucho después de desmantelada la prisión",[7] quitándoles la posibilidad de una voz legítima; son los protagonistas de entonces quienes tienen el deber de "pasar" a los que vienen detrás algo más que los jirones de una historia.

Cuando Firmenich afirma que: "La jugada consiste en decir que los Montoneros son una mierda, que los que murieron eran unos pobrecitos buenos, que los que quedaron vivos son todos unos hijos de puta y que los de la conducción eran todos de los servicios de inteligencia. Ese crimen contra los que estamos vivos mata a todos los argentinos, y mata dos veces a los que están muertos... [y recurriendo una vez más a Clausewitz –ya debería actualizar su bibliografía– agrega]: nos hicieron la guerra sucia y ahora nos hacen la política sucia",[8] pasa por alto unas cuantas preguntas que le toca, precisamente a él, entre otros, responder. Le toca contestar en términos políticos –como dirigente de una fuerza que, bajo su conducción, fue exterminada– a qué se debió la derrota de uno de los proyectos políticos más importantes de las últimas décadas. Debe responder qué fueron los Montoneros políticamente y sobre qué elementos de su práctica se estructuró la oposición entre los que murieron y los que vivieron, analizando, por ejemplo,

7. Zigmunt Bauman, en Ludmila da Silva Catela, *op. cit.*, p. 284.
8. Mario Eduardo Firmenich, en Cristina Zuker, *El tren de la victoria*, Buenos Aires, Sudamericana, 2003, pp. 235-241.

los criterios que utilizó la organización para sacar o no a los militantes del país. Le toca, por supuesto, aclarar el papel de la conducción y por qué –si no es cierto– por lo menos resulta creíble que la conducción estuviera infiltrada. Insiste en un error garrafal que consiste en identificar a los argentinos con los Montoneros, y confunde la guerra sucia con el pedido de cuentas que se le reclama y debe dar. También él usa el rechazo a la teoría de los dos demonios para desentenderse de la parte de responsabilidad que le toca.

Y Firmenich es un caso, paradigmático tal vez, pero un caso al fin de esta dificultad para entrar a revisar críticamente nuestro pasado político. No es casualidad; la derrota de Montoneros, como se analizará en este trabajo, no se debió a un exceso de lo político sino a su carencia. Lo militar y lo organizativo asfixiaron la comprensión y la práctica políticas, tirando por la borda buena parte del trabajo previo. De igual manera, en el mundo actual, tenemos un déficit político que dificulta la comprensión de lo que nos pasó. O bien lo inserta en la historia privada y personal, o bien lo exalta como "un símbolo de la historia heroica de una juventud maravillosa que entregó su vida sin más ni más"[9] (¿alguien entregará la vida sin más ni más?), que al anteponer la heroicidad y la juventud maravillosa ofrendando la vida deja fuera de lugar toda posibilidad de crítica. Porque hay que señalar que, efectivamente, y sin adjetivos, se trató de la historia de una juventud dispuesta a entregar su vida por un proyecto político. Falta ver qué pasó con ese proyecto y con esa juventud.

Antes como ahora hay, desde mi humilde y seguramente sesgado punto de vista, una falta de política, en el sentido fuerte del término, en el sentido de lo colectivo, lo común y lo público; una política que no se espanta de la violencia pero la reconoce como una dimensión que puede y debe subordinarse a los consensos tanto tiempo como sea posible.

---

9. María Elpidia, en Cristina Zuker, *op. cit.*, p. 239.

En síntesis, la comprensión de los movimientos guerrilleros de los años 70, como acto de memoria, no se puede alcanzar en un momento ni con una sola mirada. Reclama un debate –que de hecho ya ha empezado– en el que confluyan distintos puntos de vista, y del que este texto pretende ser parte. Creo que nos obliga, por un lado, a re-historizar ese pasado para rescatar el sentido político que tuvo entonces para sus protagonistas, pero, al mismo tiempo, nos convoca a abrirlo como nueva fuente de sentido, en relación con la necesaria recuperación de la política en el mundo presente.

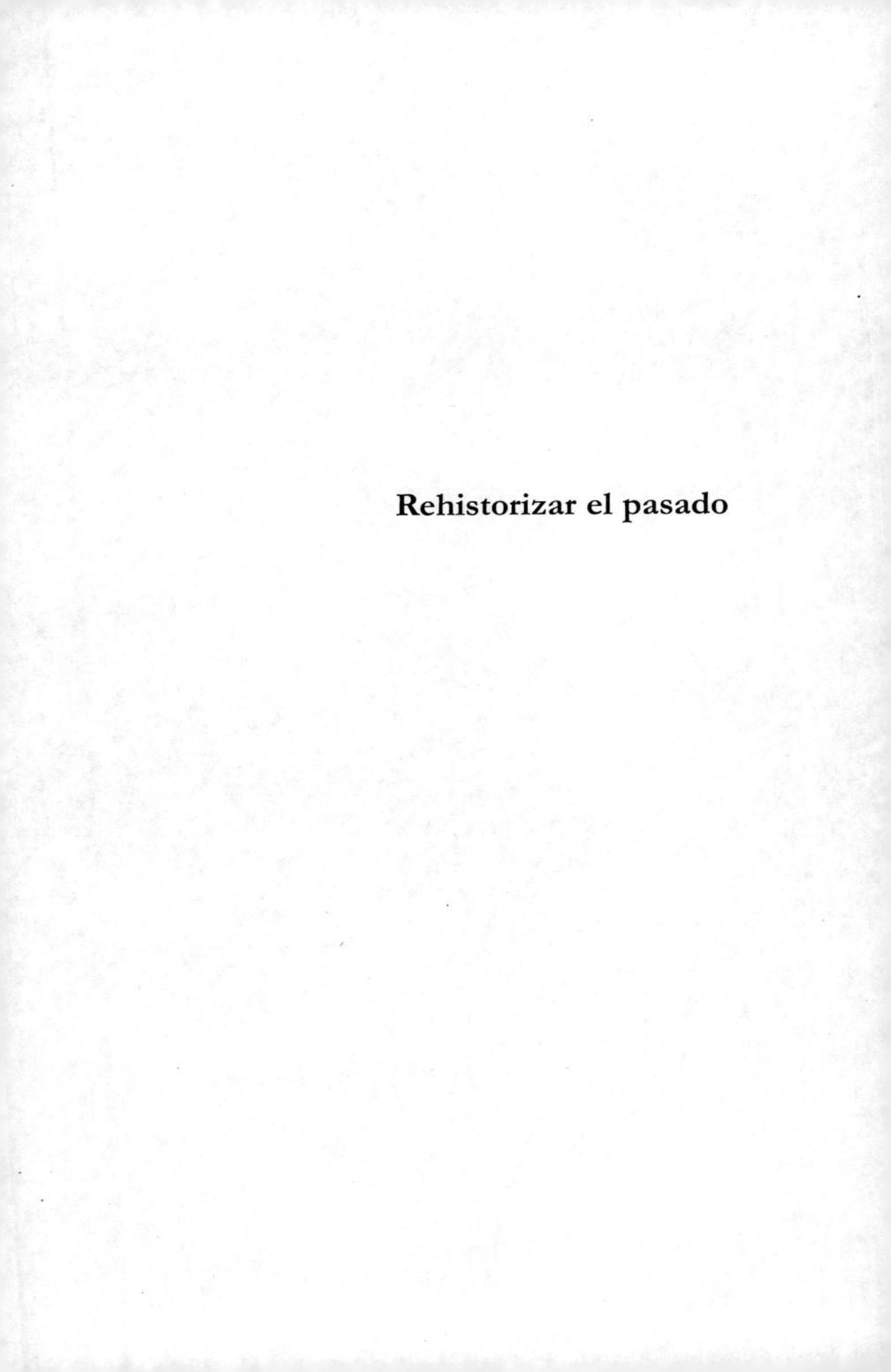

Rehistorizar el pasado

Mesianismo autocrático

Desde 1930, la historia política argentina estuvo marcada por una creciente presencia militar y por el uso consistente de la violencia para imponer desde el poder del Estado lo que no se podía consensuar desde la política. La incapacidad de los sectores económicamente dominantes para establecer una verdadera hegemonía, es decir, para constituirse como grupo dirigente, los llevó a apoyarse en la fuerza de las instituciones armadas para imponer su dominio. Mediante la fuerza militar se expulsó al radicalismo, se mantuvo el fraude "patriótico" de la Década Infame y se canceló cualquier gobierno que resultara "amenazante" o inconveniente. El uso de la violencia como instrumento político de los grupos de poder se profundizó a partir de 1955, con la expulsión y proscripción del peronismo, populismo autoritario, es cierto, pero surgido de las urnas y sostenido por un apoyo popular incuestionable. No obstante, las fuerzas "democráticas", que lo acusaban de demagógico y dictatorial, rehusaron el veredicto electoral y cifraron sus esperanzas en la intervención militar. El golpe militar de 1955, instigado y aplaudido por todos los partidos políticos (radicales, conservadores, comunistas y socialistas) con excepción del propio peronismo, recurrió a niveles de violencia sin precedentes y reforzó la "aceptabilidad" del recurso de la fuerza en la práctica política. El bombardeo de la Plaza de Mayo, repleta de civiles antes del golpe, y los fusilamientos de José León Suárez de militantes peronistas –que intentaban su propio golpe de Estado–, después, marcaron nuevos rangos de la violencia política. La proscripción del peronismo fue algo más que su exclusión electoral y comprendió un verdadero proceso de desaparición: el secuestro del cadáver de Evita, la prohibición de toda mención al nombre de Perón, la exclusión de la simple palabra "peronista", que se estableció en octubre del mismo año del golpe, todo tendía a sugerir que el poder podría *desaparecer por decreto* aquello que no podía controlar. El uso de una violencia inusitada y el desconocimiento liso y llano de un grupo ostensiblemente mayoritario favorecieron una visión binaria, ya añeja, que se expresó ahora bajo la supuesta antinomia entre peronistas y antiperonistas.

Aun con la proscripción política y represiva del peronismo, los gobiernos civiles surgidos de procesos electorales resultaron incapaces de organizar un proyecto que hegemonizara a la sociedad, de manera que las presidencias radicales de Arturo Frondizi y Arturo Illia concluyeron en sendos golpes militares (1962 y 1966) después de numerosos planteos, presiones y amenazas. Cada golpe intentaba ensayar por la fuerza la propuesta de alguna de las fracciones económicas que encontraba eco en las Fuerzas Armadas. Sin embargo, el golpe de Estado de 1966 merece una atención especial porque fue en este período, durante la Revolución Argentina, cuando surgieron las organizaciones armadas que nos ocupan en este trabajo.

El golpe de 1966 se realizó después de un largo y cuidadoso período de preparación que incluyó un vasto programa de acción psicológica desplegada a través de la prensa existente e incluso de medios periodísticos creados especialmente para ese fin. Se proponía transformar profundamente la sociedad argentina y, por primera vez, los militares no se planteaban un golpe que restituyera un poder civil afín a sus intereses, sino permanecer largo tiempo en el gobierno. En esta oportunidad, las *Fuerzas Armadas* se hacían responsables de un proyecto político, económico y social. Pretendían "normalizar" al país, pero no para entregar la conducción a los partidos políticos, sino para constituirse, como institución, en el *núcleo mismo del Estado*.

Desde el primer momento, se produjeron profundos cambios institucionales. "Estamos frente a una nueva concepción de la gran política nacional", había dicho al asumir el general Onganía.[10] Se destituyó al presidente, al vicepresidente, a los gobernadores e intendentes, se clausuró el Congreso nacional y las legislaturas provinciales, se disolvieron los partidos políticos, se prohibió su actividad y se confiscaron sus bienes. Se suprimió, "por decreto", la política.

El documento fundacional del nuevo gobierno, el Acta de la Revolución Argentina, justificaba las medidas en función de un supuesto "vacío de poder" del que responsabilizaba a las "rígidas estructuras políticas y económicas anacrónicas", que afectaban la "tradición occidental y cristiana". Las medidas implicaban la ruptura de las instituciones democráticas argentinas determinando su ineficiencia y agotamiento. Obsérvese que fueron los militares los primeros en decretar el agotamiento democrático reiterando el mecanismo de *desaparecer* lo inmanejable. Ante la imposibilidad de desaparecer al peronismo, que reaparecía en las alianzas políticas y en la lucha sindical, se optaba por *desaparecer la democracia e incluso la política*.

Uno de los propios protagonistas, el general Lanusse, escribió años más tarde, en tono de autocrítica: "Todos los responsables –Onganía y yo entre otros– no supimos ver que la política existía y que nada sería más peligroso que la soberbia de considerarla *inexistente*".[11]

El "cambio de estructuras" que pregonaba el nuevo gobierno consistía en ensayar un modelo desarrollista con un esquema de participación basado en grupos de poder: orga-

---

10. Juan Carlos Onganía, *Mensaje del teniente general Onganía al pueblo de la República con motivo de asumir la Presidencia de la Nación*, Buenos Aires, Presidencia de la Nación, 1966.
11. Alejandro Agustín Lanusse, *Mi testimonio*, Buenos Aires, Laserre, 1977, p. 130.

nizaciones empresarias, Iglesia, sindicatos, Fuerzas Armadas. De esta manera se soslayaba la confrontación con el peronismo obviando la participación electoral y reemplazándola por una vía menos desestabilizadora: la consulta de esas "fuerzas vivas". Cabe señalar que este procedimiento nunca llegó a funcionar realmente.

Las contradicciones políticas dentro de las Fuerzas Armadas parecían inexistentes, se acallaron y se ubicaron en compartimentos estancos, sin que entraran en colisión. Los *tres comandantes en jefe*, como divina trinidad, designaron presidente al general Juan Carlos Onganía, quien, cual auténtico Mesías, recibió plenos poderes, con funciones tanto ejecutivas como legislativas. Se trataba de una verdadera autocracia, un poder de tipo personal que garantizaba hacia abajo el respeto de toda la línea de mando, es decir, el *orden jerárquico institucional*. En caso de vacante del Ejecutivo, las Fuerzas Armadas designarían al sucesor, pero siempre bajo el modelo de un mando personal e indiscutido, lo que preservaría a la institución de la politización y el deliberacionismo. Esta fue otra de las formas que adoptó *la desaparición de lo político*.

Se reestructuró *el Estado*, formando *tres sistemas verticales*: de planeamiento, de consulta y de decisión, con un Estado Mayor, *a imagen y semejanza del Ejército*. También se determinó que la Revolución tendría *tres tiempos sucesivos*: el tiempo económico, el tiempo social y el tiempo político. Trinidades ordenadoras para *controlar, con precisión y orden cuartelario, los tiempos y los espacios de una sociedad en constante fuga*.

Amplios sectores apoyaron de inmediato al gobierno. Sólo se alzaron en su contra algunos partidos de izquierda, aunque tímidamente, y la Universidad de Buenos Aires, que fue intervenida de inmediato, con bastonazos aleccionadores para los estudiantes y académicos indisciplinados.

A escasos dos meses del golpe, en franca demostración de apoyo, Augusto Vandor firmaba en la Casa de Gobierno el nuevo contrato colectivo de trabajo de su gremio. El general Perón también propiciaba el apoyo táctico a la Revolución Argentina.

Los partidos políticos que habían participado en la preparación del clima golpista, en especial el frondicismo, veían con alivio la instalación de los militares en la Casa Rosada. La Confederación General Económica, la Sociedad Rural Argentina y la Unión Industrial Argentina apoyaron el movimiento castrense desde el primer momento. Unos por su incapacidad para lograr la mayoría en una competencia democrática, y otros por menosprecio de las instituciones democráticas para restituir la voz del pueblo, coincidían en una salida de corte autoritario. La Iglesia dio su bendición, mientras monseñor Caggiano, el cardenal primado, exclamaba: "¡Es una aurora! ¡Nuestro país, gracias a Dios, marcha hacia su grandeza!".[12]

En síntesis, había un alto consenso acerca del agotamiento de una democracia que no había tenido oportunidad de nacer siquiera y, por lo mismo, de la necesidad del golpe, que cada grupo esperaba acomodar a sus expectativas, no siempre compatibles entre sí. La diversidad de intereses de los distintos sectores sociales e incluso militares que participaban en la Revolución hacía que existieran pocos objetivos verdaderamente en común.

El diagnóstico de los militares integristas indicaba que en el país existía un desfasaje entre el desarrollo económico y las conquistas sociales, consistente en una política de reparto prematura que no había garantizado previamente la acumulación necesaria. Según ellos, la demagogia populista había distribuido la acumulación de la posguerra de manera irresponsable y había promovido demandas y formas de organización desfasadas, en relación con las posibilidades reales del país. Era necesario operar una regresión, en este último terreno, que permitiera la acumulación necesaria; era imprescindible una mayor *disciplina social*. Como tantas veces en América Latina, el autoritarismo aparecía como condición de posibilidad para implantar el proyecto económico dominante, a veces corporativo, a veces liberal.

12. En Alain Rouquié, *Poder militar y sociedad política en la Argentina*, Buenos Aires, Emecé, 1981, p. 256.

A partir de 1967 se puso en marcha el plan económico que se asentaba sobre la burguesía industrial monopólica, en particular el capital extranjero, y tendía a deteriorar el poder económico de la gran burguesía terrateniente pampeana. Se fijaron impuestos a la exportación de productos tradicionales y esas retenciones se canalizaron a la industria. Además se fijó un impuesto a la propiedad de la tierra. La Sociedad Rural comprendió que el proyecto de Onganía no era su proyecto.

En cuanto a la industria, se reforzó el proceso de concentración industrial y se promovió la operación de las empresas extranjeras y el desarrollo de las industrias básicas y de capital, eliminándose a las "ineficientes", que, en general, eran las pequeñas. La industria "nacional" que esperaba beneficiarse con los militares comprendió que este tampoco era su proyecto.

Se redujo el salario y su participación en el PBI pasó de representar el 42 por ciento en 1967 al 39 por ciento en 1969. Se reprimió a la oposición sindical no controlada por los sindicatos participacionistas, para mantener el orden social y frenar un movimiento obrero cuyas conquistas sociales limitaban las posibilidades de acumulación. Para el sindicalismo vandorista no resultaba sencillo mantener el apoyo al gobierno bajo estas circunstancias.

Como si fuera poco, los "arcángeles blindados", como los llamó acertadamente Rouquié, se lanzaron a la defensa de la moralidad y censuraron todo aquello que no correspondiera con su modelo autoritario e integrista (*jerarquía, organización, unidad* eran sus valores principales). Dispusieron el tipo de *comportamiento* que se podía permitir en las calles y, por ejemplo, prohibieron el beso entre hombres y mujeres; ordenaron el largo idóneo de cabellos y barbas, que si no correspondían a la norma eran rasurados por la autoridad; fijaron el tipo de *ropa* femenina que debía considerarse moral o inmoral. Una ordenanza de la municipalidad de Buenos Aires, del 27 de julio de 1966, indicaba que en los salones de baile "La *visibilidad* deberá ser tal que en todo el ámbito del lugar y desde cualquier ángulo del local se pueda apreciar con absoluta certeza la *diferencia de sexo* de los concurrentes". Asimismo se condenaba "la fabricación, preparación, exhibición, venta o tenencia de sustancias, drogas o aparatos para usar con *fines de placer*". Se prohibió todo lo que incitara al sexo, desterrado formalmente del *universo ascético-cuartelario*.[13]

El general Onganía consideraba que la Revolución instauraría los principios de *"orden, autoridad, responsabilidad y disciplina"*, es decir, los valores de la vida militar dentro de la sociedad. "Autoridad, organización, grandeza nacional. La ideología de la Revolución Argentina significa la *proyección sobre el Estado y la sociedad de los valores de la gran institución burocrática que es el ejército profesional.*"[14]

Por su parte, las propuestas económicas y políticas del nuevo modelo tecnocrático resultaron demasiado esquemáticas como para funcionar en una sociedad que no se caracterizaba precisamente por el orden. Si bien la racionalización económica (que implicaba el congelamiento de los salarios, la reducción de las indemnizaciones por despido y la virtual prohibición de la huelga), unida al control de la inflación y del déficit presupuestario, dio buenos resultados para cierta expansión industrial, también tuvo otros efectos: favoreció la desnacionalización de la economía y aumentó el descontento social.

La resistencia sindical a las medidas económicas fue causa de numerosas huelgas que se reprimieron violentamente, ante el silencio de los sindicatos colaboracionistas. Al abrigo de estas luchas, fue creciendo de manera espectacular un sindicalismo combativo que en 1968 se nucleó alrededor de Raimundo Ongaro, en la CGT de los Argentinos. Los sindicatos combativos libraban un doble enfrentamiento: por una parte, contra el gobierno militar y, por otra, contra la burocracia sindical, aliada del gobierno. Disputaban, a la vez, mejores condiciones de vida para los trabajadores y la conducción del movimiento sindical.

---

13. Ricardo Rodríguez Molas, *Historia de la tortura y el orden represivo en la Argentina*, Buenos Aires, Eudeba, 1985.
14. Alain Rouquié, *op. cit.*, p. 266.

Ya entonces los militares acuñaron el término "subversivo", con una connotación tan difusa como para atribuir el rasgo de *enemigo* a *todo aquel que no fuera idéntico*. Esta lógica, en principio dual, tiende finalmente a una concepción unicista. Dado que el conflicto se concibe como guerra, el objetivo es destruir al enemigo, aniquilar al Otro, para que quede sólo Uno. Es el principio de la lógica totalitaria: *Un pueblo, Un enemigo, Un poder, Una verdad*, presente ya en aquellos años.

Las gigantescas movilizaciones de protesta del Cordobazo, en mayo de 1969, reunieron la fuerza del sindicalismo combativo con la del movimiento estudiantil. "Obreros y estudiantes, unidos y adelante", la vieja consigna de la izquierda se hacía realidad en las calles de Córdoba. Una verdadera insurrección popular, con combates que duraron dos días, marcó el fin del onganiato, incapaz de dar otra respuesta que la simple represión y algunas reformas de tipo administrativo.

El Cordobazo, con ciertos "aires" del Mayo francés, tuvo una violencia inusitada. Como resultado murieron más de treinta personas, pero quedaba claro que por lo menos una parte de la sociedad se resistía a convertirse en el cuartel disciplinado, obediente y silencioso, en el que sólo se escuchan las órdenes de mando. La política *desaparecida*, cuya vida había subsistido sólo de manera *subterránea*, *reaparecía*, a pedradas y a tiros. *Reaparecía*, además, *mutada* en otras formas de politización y organización.

La violencia militar comenzaba a reproducirse y a encontrar respuesta, también violenta, desde otros sectores de la sociedad. De esa fecha datan las primeras acciones de los grupos armados que luego conformaron la poderosa guerrilla. En 1968 se había detectado y destruido un foco guerrillero en Taco Ralo, Tucumán, antecedente directo de las Fuerzas Armadas Peronistas (FAP). En junio de 1969 un grupo comando que no se identificó asesinó a Vandor, el líder de los metalúrgicos que disputaba el poder de Perón. En 1970, exactamente un año después del Cordobazo, se produjo el secuestro y posterior asesinato del general Pedro Eugenio Aramburu, uno de los responsables de los fusilamientos de peronistas en 1956. Esa fue la primera acción militar reconocida por Montoneros y dos meses después aparecieron públicamente las Fuerzas Armadas Revolucionarias (FAR), con el copamiento armado de Garín, una localidad de la provincia de Buenos Aires, cercana a la Capital Federal. En 1969, todos los grupos guerrilleros estaban, de hecho, en su etapa de entrenamiento y equipamiento, a punto de entrar en acción.

El nacimiento de la guerrilla representaba la disputa del monopolio de la violencia, que ejercían las Fuerzas Armadas, por parte de un sector de la sociedad civil. No en vano, los grupos se habían autodesignado como Fuerzas Armadas Peronistas, Fuerzas Armadas Revolucionarias, Ejército Revolucionario Popular. No en vano, uno de sus blancos preferidos era el Ejército, columna vertebral de las Fuerzas Armadas. Si hasta entonces había sido imposible el asentamiento de una hegemonía política integral, ahora se disputaba el poder instituido, incluso la posesión y uso de las armas. Las "expropiaciones", los "ajusticiamientos", los "juicios revolucionarios" eran un intento de justicia y *poder armado paralelo* al *del Estado*, que en el caso argentino equivale a decir al de las Fuerzas Armadas.

El Cordobazo fue la más clara expresión del desborde social y político del régimen. Las diferencias entre las Fuerzas Armadas y el gobierno se profundizaron. El estilo autocrático de Onganía, quien, además de su cortedad política, pretendía resolver la difícil situación mediante la represión y como si su poder no emanara precisamente de la institución militar, terminó por minar su representatividad entre sus propios camaradas.

Sin embargo, antes de partir, el general adoptó una de las últimas medidas de su gobierno: la instalación de la pena de muerte, que entró en vigencia a partir del 2 de junio de 1970. La ley afectaba los delitos de privación ilegítima de la libertad (secuestros), atentados contra establecimientos militares y el uso ilegítimo de insignias y uniformes de las Fuerzas Armadas y de seguridad, es decir, el accionar básico de la guerrilla. Aunque nunca se aplicó, el Estado asumía, por lo menos formalmente, el *derecho soberano de vida y muerte*.

El 8 de junio de 1970 la Junta de Comandantes relevó al general Onganía y unos días después nombró como Presidente al también general Roberto Marcelo Levingston. En esa oportunidad, se cuidó mucho de especificar que las decisiones importantes serían tomadas por la Junta.

La política económica se flexibilizó, y disminuyó considerablemente la presión sobre los trabajadores. También se limitó la penetración extranjera en la economía. Se buscaba una descompresión económica que permitiera la posterior descompresión política (siempre en estos órdenes precisos e hipotéticos del pensamiento militar), para evitar el estallido. No obstante, el gobierno siguió siendo tan impopular como el anterior. Una vez que el "bloque" del poder se mostró vulnerable, no homogéneo, los disparos sobre su estructura ya no cesaron, hasta derribarlo. Este mismo mecanismo operó repetidas veces en la Argentina.

En marzo de 1971, otro levantamiento popular también en Córdoba –el Viborazo–, que el Ejército se negó a reprimir, terminó con el gobierno de Levingston.

Por fin, el general Alejandro Agustín Lanusse, presidente de la Junta de Comandantes, asumió el Ejecutivo nacional, buscando la salida política a una crisis bastante profunda que comenzaba a ser un dato "estable" en la realidad argentina. Ante el evidente fracaso del proyecto iniciado en 1966, llamó a elecciones generales y comenzó a preparar la retirada de las Fuerzas Armadas, una retirada que debía ser lo menos desgastante posible. Pero dada la situación social de la Argentina, aun este era un objetivo demasiado alto.

El llamado a elecciones quedó condicionado a la formación del Gran Acuerdo Nacional (GAN), que suponía un consenso entre los principales actores políticos para garantizar elecciones limpias pero impidiendo el "retorno al pasado"; es decir, los militares renunciarían a mantener el gobierno y permitirían la participación del peronismo, y los peronistas desistirían de la candidatura de Perón y pondrían en orden a la guerrilla, para entonces muy activa. En suma, se acordaba realizar elecciones sin Lanusse y sin Perón, expresión por sí misma de la llamada *antinomia* peronismo-antiperonismo.

El grado de desgaste al que había llegado la Revolución Argentina se hacía evidente en la enunciación de objetivos del GAN, hecha por el propio general Lanusse: "Unir a los adversarios y aislar a los enemigos" era una meta que no consideraba siquiera la posible existencia de amigos. No obstante, los militares se concebían a sí mismos tutelando un proceso de "convalecencia tras una larga enfermedad".[15]

La crisis económica, la gran movilización social que agitaba todo el país con un nivel creciente de violencia, la *desaparición por decreto de la política*, que había mantenido una subsistencia *subterránea* y ahora reaparecía *transmutada* en sus formas más radicales y, en consecuencia, el auge de una guerrilla activa y con un considerable apoyo en sectores populares y medios, dejó al gobierno militar sin más recurso que el uso poco inteligente de la represión.

La tortura, normalmente con picana, se convirtió en moneda común y corriente durante la Revolución Argentina. Por lo regular, de acuerdo con las denuncias de los afectados, se acompañaba de golpes, violaciones y vejaciones. Estas prácticas, aunque no tan extendidas, tenían antecedentes en el país. De hecho, la picana eléctrica es un invento argentino que comenzó a usarse aproximadamente en 1934, durante la Década Infame, y no descansó bajo ninguna administración. Pero lo que no tenía antecedentes era el fusilamiento de prisioneros. El 22 de agosto de 1972, en una base de la Marina, ocurrieron los fusilamientos de Trelew. Después de la fuga de un grupo de prisioneros y bajo la excusa de un nuevo intento, se fusiló a mansalva a dieci-

---

15. Declaraciones de Arturo Mor Roig, ministro del Interior, en Darío Cantón, *Elecciones y partidos políticos en la Argentina*, Buenos Aires, Siglo XXI, 1973, p. 235.

séis presos, hombres y mujeres, todos militantes de diversas organizaciones guerrilleras.

Durante los últimos años de la dictadura, también se practicó la *desaparición de personas* como una técnica que, sin llegar a ser generalizada, fue más allá de los casos aislados que se habían producido con anterioridad. Entre 1970 y 1972 se produjeron una docena de desapariciones, de las cuales sólo uno de los cuerpos se encontró con posterioridad.[16]

Detenciones injustificadas, tortura sistemática, desaparición de personas y fusilamiento de prisioneros fueron algunas de las modalidades de este último período de la Revolución Argentina, que no hicieron más que exacerbar el clima de violencia. Según estimaciones de Montoneros, entre 1966 y 1973 murieron alrededor de cien militantes y se encarceló a 500;[17] a partir de 1976 la relación se invertiría y serían mucho más numerosos los muertos que los detenidos. Incluso en palabras de Rosendo Fraga, fiel representante del punto de vista militar, se practicó el "laboratorio de lo que sucedió en materia de lucha contra la subversión en la segunda mitad de la década del 70... [En los primeros años de esa década] el Ejército *se ve obligado* a participar en la represión del accionar terrorista y de las movilizaciones de protesta social",[18] que se contaban por miles. También justifica Fraga el uso de la tortura, aduciendo que "*se hacía inevitable* en términos operacionales y militares el *obligar* a los prisioneros a brindar información". En otras palabras, estaban *obligados a obligar*, clásico argumento del autoritarismo de todos los colores.

Cuanto más reprimía el régimen, más se radicalizaba la movilización y, como parte de ella, un peronismo que pasaba a la ofensiva después de tantos años de proscripción y

16. Eduardo Luis Duhalde, *El Estado terrorista argentino*, Buenos Aires, El Caballito, 1983.
17. Richard Gillespie, *Soldados de Perón*, Buenos Aires, Grijalbo, 1987, p. 148.
18. Rosendo Fraga, *Ejército, del escarnio al poder*, Buenos Aires, Planeta, 1988, pp. 17, 23.

que se encontraba revitalizado por la presencia de una nueva generación de militantes.

Desde el exilio, Perón agudizaba las contradicciones y empujaba al gobierno militar al abismo. En julio había declarado: "No hay peronismo y antiperonismo. *La antinomia* es entre la revolución y la contrarrevolución",[19] intentando asimilar en su política a sectores aun más vastos que el propio peronismo y enunciando una postura radical afín a los sectores de la izquierda del movimiento, cuya movilización lo beneficiaba. Asimismo, convencido de su capacidad de controlarla y manipularla, reconocía a la guerrilla peronista como parte del movimiento, y avalaba la violencia: "La violencia en manos del pueblo no es violencia; es justicia", aseguraba en *La hora de los hornos*, película de gran difusión en los medios militantes, que circulaba de manera clandestina.

Refiriéndose a su distancia del país, Perón la justificaba con una argumentación estrictamente militar, que muestra esa lógica de *reducción de lo político a lo militar*; presente tanto en el pensamiento militar de la época como en el del peronismo y la guerrilla. Decía Perón: "Hay un principio o una regla de la conducción [militar, debió agregar] que dice que el *mando estratégico* no debe estar jamás en el *campo táctico* de las operaciones".[20] También en 1973, bajo esta misma lógica guerrera, afirmaba: "El *enemigo* es la dictadura militar".

La agregación de lo político a lo militar, la concepción de lo político como extensión de lo militar –invirtiendo el postulado de Clausewitz– parece haber sido un rasgo distintivo de esa época y no se puede independizar de la *militarización del Estado* y del desplazamiento de sus funciones eminentemente políticas. La *imposibilidad de definir la lucha* entre los distintos sectores sociales y asentar relaciones estables de poder, la *dificultad para alcanzar la hegemonía y delimitar el núcleo duro del poder*, fijaba a los distintos sectores en

---

19. Juan Domingo Perón, en Liliana De Riz, *Retorno y derrumbe*, México, Folios, 1981, p. 34.
20. *Ibidem*, p. 35.

una *guerra de posiciones* crecientemente militar. Como consecuencia inmediata, *el Estado se confunde con las Fuerzas Armadas, la política aparece como guerra, los adversarios como enemigos.*

Atacado desde distintos ángulos, presionado por una sociedad civil y política que anhelaba recuperar los espacios públicos, el gobierno no tuvo más alternativa que abrir un proceso electoral amplio, aunque vetó la candidatura de Perón por requisitos formales (lugar de residencia), e intentó fijar ciertos condicionamientos. La fogosidad de la campaña electoral peronista fue extraordinaria. Las grandes movilizaciones, organizadas por la Juventud Peronista (JP), fueron a la vez una reivindicación del movimiento peronista, la prueba contundente del fracaso militar y la validación de la guerrilla. "Cámpora al gobierno, Perón al poder" fue la consigna de la JP, prenunciando que las Fuerzas Armadas no podrían controlar el proceso. El peronismo, que había logrado desarticular el GAN y convertir el proyecto de alianza de las fuerzas democráticas en contra del peronismo en una alianza en contra de la dictadura, ganó las elecciones con el 49,5 por ciento de los votos. "Lanusse, Lanusse, hiciste un papelón. Habrá segunda vuelta, la vuelta de Perón."[21]

Sin embargo, el otro 50,5 por ciento, aunque no logró unificarse tras una propuesta y fue dividido a la votación, era decididamente antiperonista. El país estaba virtualmente dividido en dos y, a la vez, falsamente dividido de esa manera. La disputa en términos de peronismo y antiperonismo hacía perder de vista los innumerables matices de actores verdaderamente no homogéneos en ambos "campos" de la contienda.

Cuando el 25 de mayo de 1973 Lanusse entregó la presidencia al doctor Héctor J. Cámpora, la retirada elegante que había deseado se convirtió en una literal huida entre insultos de una multitud enardecida. El desfile militar se de-

---

21. Consigna de la Juventud Peronista, que aludía a que las elecciones no requerían una segunda vuelta por el sistema *ballotage* francés, que había implantado el gobierno militar para dificultar el triunfo peronista.

bió anular para evitar incidentes. "Los manifestantes [quedaron] dueños de la Plaza de Mayo y sus alrededores. Las tropas que estaban formadas fueron particular blanco de ataques con insultos, proyectiles y pintadas sobre los uniformes y vehículos con toda clase de improperios... Los conscriptos del Regimiento de Patricios, con sus uniformes históricos, tuvieron que blandir sus antiguas bayonetas del fusil en desuso, mientras que los uniformes eran escupidos por manifestantes... En los vehículos blindados fueron pintadas leyendas ofensivas con aerosol... Más de un oficial que integraba la formación sollozó en una mezcla de rabia e impotencia."[22] "Se van, se van y nunca volverán", gritaban entusiasmadas las columnas de la Juventud. Pero volvieron.

---

22. Rosendo Fraga, *op. cit.*, p. 39.

Segundas partes...

La asunción de Héctor J. Cámpora a la presidencia se produjo en un clima de alta movilización, sobre todo de la izquierda peronista, que el mismo 25 de mayo logró la liberación de sus presos, gracias a la presión para obtener una amnistía general. El presidente Cámpora declaraba frente a la Asamblea Legislativa: "... una juventud maravillosa supo oponerse, con la decisión y el coraje de las más vibrantes epopeyas nacionales, a la pasión ciega y enfermiza de una oligarquía delirante. ¿Cómo no va a pertenecer también a esa juventud este triunfo si lo dio todo –familia, amigos, hacienda, hasta la vida– por el ideal de una patria justicialista?". Esa *juventud maravillosa* no era otra que la guerrilla peronista, reivindicada ahora en calidad de abanderada de la patria justicialista.

La izquierda peronista tuvo entonces acceso a numerosos puestos de gobierno y la ilusión de un poder que no logró consolidar. Menos de un mes fue necesario para que se iniciara el avance de los sectores ortodoxos, con Perón a la cabeza.

El 20 de junio, el general regresó al país, en medio de una movilización sin precedentes, por el número y el fervor. Desde muy temprano, antes de que amaneciera, de las barriadas populares salieron columnas formadas por hombres, mujeres y viejos, gente del pueblo que, dada la vigilancia para impedir el acceso al aeropuerto internacional de Ezeiza, atravesaron ríos y campos para dar la bienvenida a Perón. Grupos parapoliciales y de la derecha peronista dispararon sobre las columnas afines a la JP, la Tendencia Revolucionaria, dejando un saldo que, aunque no hubo cifras oficiales, se estimó en doscientas víctimas. Al día siguiente Perón emitía un discurso en el que no sólo no condenaba a los responsables, sino que avalaba implícitamente a la derecha, quitándole a la JP su arma más importante: la movilización debía terminar. Era preciso "volver al *orden* legal y constitucional".

El 11 de julio, el secretario general de la CGT, José Rucci, declaró a la prensa: "Se acabó la joda". En otro lenguaje pudo haber dicho: "Se acabó la diversión". En efecto, el 13 de julio renunciaban los doctores Héctor J. Cámpora y Vicente Solano Lima, presidente y vicepresidente de la República. Raúl Lastiri, yerno de José López Rega, asumió la presidencia. Representaba a los grupos más reaccionarios del peronismo, que es mucho decir. Su ascenso significó el alejamiento del gobierno de ciertas figuras ligadas a la llamada Tendencia, como el ministro del Interior, Esteban Righi. El 2 de agosto, en contra de las presiones de la Juventud, que proponía al doctor Cámpora como candidato a la vicepresidencia, el Partido Peronista proclamó la fórmula Perón-Perón (Juan Domingo Perón e Isabel Perón). El avance de la derecha peronista había comenzado. Las relaciones de fuerza se recomponían en beneficio de los núcleos duros del poder.

Así como la campaña de Cámpora había tenido el tono radicalizado de la Juventud, la de Perón recayó en la CGT. Los resultados electorales señalaron el mayor apoyo que nunca hubiera tenido Perón, con el 62 por ciento de los sufragios.

El hecho de contar con un porcentaje tan significativo alentó a Perón hacia una meta más pretenciosa que liderar el partido mayoritario. Intentó conformar una *nueva alianza* para la reconstrucción del país. Para ello proponía un pacto social que disciplinara los conflictos entre el capital y los trabajadores. En este sentido, tal como lo señala certeramente Liliana De Riz, los objetivos de Perón coincidían con los que se había planteado Lanusse, aunque con distintos contenidos. En última instancia, se orientaban a la *reconstitución de un núcleo duro* del poder, a partir de un gran acuerdo que restableciera la convivencia y el orden, hiciera innecesaria la violencia y permitiera la estabilidad de las instituciones.

En su mensaje del 2 de agosto de 1973, Perón aseguraba, recurriendo a una de sus metáforas deportivas, gusto que también compartía con Lanusse, que su tarea era "ir persuadiendo a todos los argentinos para que comencemos a patear todos para el mismo arco". Se proponía una política de unificación nacional poco probable considerando el grado de conflicto no resuelto, que persistía, bastante abiertamente, en la sociedad. Mientras unos sectores se proponían el control del movimiento peronista por medio de la burocracia, otorgando condiciones laborales aceptables para garantizar el orden y la eficiencia del aparato productivo, en el marco de un proyecto moderno de acumulación, los grupos más radicales propugnaban un socialismo nacional que, aunque bastante indefinido, presuponía cambios drásticos en la distribución y en el sistema de propiedad, así como la liquidación de la burocracia sindical, es decir, más agitación y organización social.

La propuesta de Perón, mucho más amplia que la que había manejado durante sus gobiernos anteriores, comprendía la posibilidad de constituir lo que llamaba una "comunidad organizada", una "democracia integrada" capaz de modernizarse y establecer instancias de mediación con las poderosas corporaciones. Pero el mapa político del país se había transformado: los sindicatos ya no eran el hijo obediente del Estado, sino que habían desarrollado y probado un poder propio a lo largo de dieciocho años de resistencia; las Fuerzas Armadas habían hecho otro tanto y, si nunca fueron una corporación dócil, ahora tenían una autonomía relativa y un poder institucional entrenado en el ejercicio del gobierno; la Juventud, aunque se proclamara hija del general, era una hija rebelde que no cejaría en la defensa de un proyecto político divergente de la comunidad organizada. Los puntos de apoyo de Perón no eran muy firmes.

Las Fuerzas Armadas, aunque tenían en su seno, sobre todo a nivel de mayores y oficiales subalternos, sectores nacionalistas y populistas, habían permanecido bajo la hegemonía del liberalismo antiperonista. De hecho, en el momento de asumir Cámpora la Presidencia, el 63,2 por ciento de los altos mandos había participado en el golpe militar de 1955 o en el intento de golpe de 1951.[23]

El nuevo gobierno designó a Jorge Raúl Carcagno como comandante en jefe del Ejército. Carcagno, de posturas populistas, se proponía un "reencuentro entre el Ejército y el pueblo" que producía malestar dentro del arma, y tuvo algunas aproximaciones dudosas con la Juventud reprobadas por el propio Perón.

Lentamente, la represión comenzó a desatar sus hilos. A fines de 1973, así como existían en el ejército pequeños sectores asociados a la izquierda peronista y otros más numerosos vinculados con el antiperonismo tradicional, había también "grupos nacionalistas ortodoxos que se habían ligado con elementos de la estructura sindical y mantenían relaciones con sectores de la Fuerza Aérea [que] propiciaban una solución política a la chilena... con la eliminación violenta de todos los elementos de izquierda".[24]

Carcagno, cuyo perfil nacional y populista lo vinculaba más a los sectores de la izquierda que al lopezreguismo o al sindicalismo, descompensaba la política de Perón, de franco acercamiento a estos últimos. En diciembre de 1973 fue reemplazado por el general Leandro E. Anaya, perteneciente a una tradicional familia de militares, que no tenía un pasado antiperonista ni lanussista. Tampoco pertenecía a la Caballería, arma privilegiada desde la Revolución Libertadora. Por estas características, que compartía con los generales Videla y Viola, jefe de Estado Mayor y secretario general, respectivamente, Perón no lo consideraba peligroso.

---

23. Rosendo Fraga, *op. cit.*, p. 28.
24. *Ibidem*, p. 86.

Si Perón insistía en el orden era precisamente porque se requería una fuerte *disciplina social* para mantener el Pacto Social, clave de su política económica. Pero la disciplina se funda en el *control*, que precisamente Perón no tenía garantizado, a pesar del 62 por ciento de los votos.

El Pacto Social se concebía como una especie de tregua por la cual se regularon ciertos salarios y precios, que debían permanecer inamovibles por el plazo de un año. Pero los empresarios no estaban dispuestos a que se redujeran sus ganancias; tampoco querían ni podían enfrentar al capital transnacional. Los dirigentes sindicales, a su vez, no querían resignar el poder adquisitivo del salario, con el riesgo de perder el apoyo de sus bases. En realidad, la burocracia sindical había estado dispuesta a negociar, durante todos esos años, salarios que no eran convenientes, pero en esa coyuntura se enfrentaba con la competencia política de la izquierda y de la Tendencia que, dentro de los mismos sindicatos, intentaba disputar su conducción. Ese elemento hacía que no fuera tan fácil negociar con ellos la reducción del salario real. De hecho, durante el gobierno peronista no se logró reducir los conflictos sindicales.

El control del sector obrero era vital para la consecución del Pacto. En esto se basó gran parte del apoyo de Perón a la burocracia sindical. La sanción de la ley de asociaciones profesionales en noviembre de 1973, con la oposición de la izquierda del peronismo, reforzó el poder de los sindicalistas. Las charlas semanales que Perón ofrecía en la CGT representaban, de igual manera, un verdadero aval a la burocracia. Por si no quedaba claro para alguien, el general afirmaba: "La CGT puede estar segura con los dirigentes que tiene, aunque algunos (la JP) digan que son burócratas".[25]

No obstante, continuaron los paros y las tomas de fábrica. Estas acciones no implicaban necesariamente un control paralelo de los sectores radicalizados, sino más bien una pérdida de control, una *fuga* en el modelo de concertación.

25. Juan Domingo Perón, en Liliana De Riz, *op. cit.*, p. 94.

La renegociación del Pacto no satisfizo a nadie. Los empresarios recurrieron a la doble facturación, el acaparamiento y el mercado negro para eludir el control de precios. Los sindicatos negociaron otros salarios, en acuerdos por empresa que beneficiaban a los gremios mejor organizados. Los acuerdos institucionales entre las clases y fracciones de clase con el gobierno se fueron rompiendo uno a uno, de manera solapada, aunque manteniendo la apariencia de que seguían vigentes.

La Tendencia no quería romper lanzas con Perón, y seguía reconociendo su liderazgo, pero sólo a nivel del discurso. Sin embargo, dado que el recurso de las armas había resultado tan eficiente, nunca renunció definitivamente a él. De hecho, ya en septiembre de 1973, incluso antes de la asunción de Perón, había asesinado al secretario general de la CGT, José Rucci, en un operativo armado cuya autoría no reconoció públicamente. Era, sin embargo, un recordatorio anónimo del poder de la violencia, una forma de acelerar la resolución de la "contradicción ideológica" que Firmenich reconocía tener con Perón. Para el general no quedaban dudas de que controlar aquella "juventud maravillosa" sería difícil.

Desde el seno del gobierno también se aceptaban las armas. A fines de 1973 se formó la Alianza Anticomunista Argentina (AAA), organización parapolicial dirigida por el comisario general Alberto Villar, jefe de la Policía Federal entrenado en la Escuela de Panamá, y por José López Rega, ministro de Bienestar Social. Su personal se integró con oficiales de las Fuerzas Armadas y de la Policía, ya fuera en actividad o retirados, y con militantes de la derecha del peronismo. Su objetivo: asesinar y *desaparecer* a militantes, colaboradores o simpatizantes de los sectores "revolucionarios", fueran o no peronistas, con un enorme nivel de vaguedad de sus "blancos" probables.

Si la disposición a la violencia crecía dentro del peronismo, donde aun los grupos más radicales reconocían cierto compromiso con el gobierno electo y su institucionalidad, en los sectores de la izquierda no peronista el abandono de las armas fue apenas un breve impasse. El Ejército Revolucionario del Pueblo, de orientación trotskista, no tardó en realizar una acción armada y reconocer abiertamente su autoría. En enero de 1974 intentó copar una guarnición militar en la localidad de Azul; al día siguiente, Perón declaró: "... aniquilar cuanto antes a ese terrorismo criminal es una tarea que compete a todos los que anhelamos una patria justa, libre y soberana". El mensaje, con un destinatario sin nombre y apellido, un "terrorismo" genérico, se dirigía a cualquiera a quien le cupiera dicho nombre, y alcanzaba sin duda a la guerrilla peronista, más allá de su supuesta buena fe.[26]

La Tendencia comenzó a perder posiciones rápidamente. Los gobernadores de Córdoba y Buenos Aires fueron desplazados y se inició una ofensiva contra el de Mendoza; todos ellos cercanos a Montoneros. Se empezaron a producir ataques violentos contra los locales de la JP y contra sus militantes, por parte de la derecha del peronismo. La ruptura pública entre Perón y los Montoneros se produjo el 1º de mayo, apenas dos meses antes de la muerte del general, que ocurrió el 1º de julio de ese mismo año.

Si en vida de Perón había sido imposible poner bajo control a los sindicatos, al empresariado y a la guerrilla, a su muerte los enfrentamientos sociales y políticos se agudizaron hasta niveles extraordinarios. La pugna se desató sin intermediación posible.

A la lucha entre la derecha y la Tendencia se agregaron las diferencias entre el gobierno y los sindicatos que no estaban dispuestos a ceder su poder a una burocracia política en la que no se sentían representados. En consecuencia, el sindicalismo trabó vínculos con sectores de las Fuerzas Armadas que veían con malestar la predominancia del grupo de López Rega. Sin embargo, todos coincidían en la necesidad de desbaratar la guerrilla. El Ejército comenzó a recuperar gradualmente su peso político tradicional.

26. Juan Domingo Perón, discurso del 21 de enero de 1974, en Liliana De Riz, *op. cit.*, p. 107.

La represión a la guerrilla fue razón para reprimir igualmente la protesta sindical de grupos opuestos a la burocracia. Las ocupaciones de fábricas quedaron prohibidas por la ley y se eliminó a los principales sindicatos independientes, peronistas o no. Se reprimió y encarceló a sus dirigentes. La protesta obrera disminuyó. Comenzaba el *orden que emana de la represión*. El programa nacional y popular había quedado atrás.

La violencia creció de manera inusitada. La derecha y la izquierda del peronismo peleaban *a muerte* sus espacios en el movimiento. Mientras la guerrilla multiplicaba su accionar armado, los grupos parapoliciales incrementaban los atentados y secuestros de militantes, cuyos cuerpos torturados y sin vida aparecían días más tarde. La AAA y otras organizaciones similares cobraban víctimas en todo el país.

En agosto de 1974, a un mes de la muerte de Perón, el Ejército asesinó a dieciséis guerrilleros del ERP que intentaban copar un regimiento. El ERP lanzó una serie de operativos de represalia contra los miembros de las Fuerzas Armadas. En septiembre, Montoneros pasó a la clandestinidad y recrudeció su accionar armado contra personal de seguridad, especialmente policía. Hacia fines de año los asesinatos se sucedían, afectando sobre todo a la militancia de izquierda. La revista *El Caudillo*, financiada por el gobierno, ostentaba como lema: *"El mejor enemigo es el enemigo muerto"*. Ya entonces, la lógica amigo-enemigo planteaba no sólo la exclusión del Otro sino su eliminación lisa y llana; la distinción entre *lo que debe vivir y lo que debe morir*. La potencialidad asesina del autoritarismo se ponía en acción, protegida desde el Estado.

En pocos meses, el incremento de los ataques de la guerrilla a las guarniciones y al personal militar había contribuido a un cambio de posición en las Fuerzas Armadas. De una postura prescindente con respecto a la represión, los militares pasaron a reivindicar la necesidad de su intervención en la lucha antisubversiva. El ataque real a las Fuerzas de Seguridad, sobredimensionado por los sectores más duros, fue aprovechado y multiplicó la confrontación en un clima de "paranoia" preexistente. Los militares se sentían guerreros amenazados por una fuerza oscura y poderosísima que los civiles no eran capaces de controlar. Una vez más, debían *salvar* al país de un peligroso enemigo. Jamás consideraron su participación en el incremento de esta espiral de violencia porque su objetivo era *acabar* con lo que no podían *controlar*. Un año después de la muerte de Perón, la violencia había cobrado 503 víctimas fatales; de ellas 54 eran policías, 22 militares y las restantes 427, militantes. El "cinco por uno" con que había amenazado el peronismo en el gobierno se cumplía, pero al revés, cobrando más de cinco víctimas populares por cada una de las fuerzas de seguridad. La cuantificación de las muertes importa porque, a la vez que señala la existencia de una confrontación violenta, muestra su dirección principal. En cualquier confrontación, el que tiene mayor poder militar es el que es capaz de generar más víctimas y el que, por lo mismo, es beneficiario y responsable de la violencia.

Ya en febrero de 1975, el Poder Ejecutivo había emitido un decreto para la represión del foco guerrillero rural que había montado el ERP en la provincia de Tucumán. Por esa disposición, *que no contó con la oposición de los partidos políticos*, se daba intervención al Ejército en la represión de las actividades subversivas y se instruía: "El Comando General del Ejército procederá a ejecutar las operaciones militares que sean necesarias a efectos de neutralizar y/o *aniquilar* el accionar de los elementos subversivos que actúan en la provincia de Tucumán".[27]

Con el Operativo Independencia se inició la práctica sistemática de una nueva modalidad represiva, con un conjunto de técnicas *ad hoc* que giran alrededor de una figura central: *el campo de concentración y la desaparición de personas como metodología de represión*. La experiencia que el Ejército realizó en Tucumán fue sin duda una experiencia piloto, que luego se desplegaría en Córdoba y, por último, a nivel nacional.

27. *La Nación*, 6 de febrero de 1975.

El testimonio de Juan Martín, sobreviviente de ese operativo, citado por Duhalde en su libro, es por demás ilustrativo: "... este operativo significó la militarización de la totalidad de la vida tucumana... La lucha contra la guerrilla rural, pero también la represión contra los trabajadores y otros sectores populares, se fue perfilando: ... *secuestros, centros clandestinos de concentración de prisioneros*, interrogatorios y torturas, *retención ilegal y sin término de los detenidos*, masificación de la represión... La llamada 'Escuelita de Famaillá' tiene el extraño privilegio de haber sido el primer *campo clandestino de concentración de prisioneros*... Su modo principal de accionar es la reiteración impune de la metodología *secuestro-desaparición-tortura*, y la reiteración de ese trágico ciclo".[28]

El protagonismo del Ejército en la represión, no sólo en Tucumán, fue respaldado por la Armada, cuyo rol político iba en ascenso. Las relaciones entre las dos armas se incrementaron y se establecieron acuerdos que excluían a la Aeronáutica, poco confiable por su escasa participación en la lucha antisubversiva. Ya entonces surgió la idea de crear un "organismo coordinador para la lucha contra la subversión, el que debía estar en manos de un oficial de las Fuerzas Armadas en actividad, así como la necesidad de que el personal militar tuviera acceso a los archivos de la Policía Federal, lo que no estaba permitido entonces".[29] Es decir, un embrión de lo que sería la Comunidad Informativa después del golpe de 1976. Estos acuerdos no impedían que existieran suspicacias y pugnas entre las dos armas. Dentro del Ejército las posiciones tampoco eran homogéneas y oscilaban entre el apoyo al gobierno de Isabel Perón y el distanciamiento creciente de algunos sectores o, en otros términos, hasta qué punto la institución debía involucrarse o no en las pugnas internas del peronismo.

---

28. Juan Martín, testimonio ante CADHU, en Eduardo Luis Duhalde, *op. cit.*, pp. 49-50.
29. Rosendo Fraga, *op. cit.*, p. 150.

La desconfianza militar hacia el sector lopezreguista fue incrementándose y, en poco más de un año, las Fuerzas Armadas pasaron de estar a la defensiva a ser un factor de presión sobre el gobierno, y a realizar acuerdos con los partidos políticos opositores, el sindicalismo peronista, ciertos grupos empresarios y la Iglesia. La distancia creciente del Ejército con el gobierno provocó el reemplazo del general Anaya, el 13 de mayo de 1975, por el general Alberto Numa Laplane, cercano al Ministro de Bienestar Social y al gobierno.

Desde antes del relevo de Anaya, circulaba en el Ejército un informe sobre las actividades de la AAA que demostraba los vínculos del equipo de López Rega y de oficiales en actividad con 108 miembros de la organización y con cinco de sus sedes. Esta información fue manejada por los generales Videla y Viola como forma de presión sobre el gobierno, ya que nunca trascendió a la opinión pública y mucho menos a la Justicia. El 28 de junio se produjo un enfrentamiento público entre el almirante Massera y José López Rega, y desde entonces la Armada adoptó una postura coincidente con el sector profesionalista del Ejército, que tomaba paulatinamente distancia de la lucha de poder dentro del peronismo.

Los sindicatos, disconformes con la predominancia y el poder creciente del grupo de López Rega dentro del gobierno, entraron en colisión con la política económica, dispuestos a impedir que la izquierda ganara terreno con su postura crítica, que las circunstancias justificaban ampliamente. "El ajuste salarial de junio de 1973 había durado nueve meses. El de marzo de 1974, seis meses; el de octubre de 1974 rigió durante cuatro meses; el de febrero de 1975 se agotó en abril de 1975."[30] Toda concertación entre el Ministerio de Economía y los sindicatos fue imposible. La CGT movilizó a sus bases y forzó las renuncias del Ministro de Economía impuesto por López Rega y su grupo, en julio de 1975. Las Fuerzas Armadas se negaron a reprimir a los sindicalistas, y se exigió el relevo de Alberto Numa Laplane como comandante del

---

30. Liliana De Riz, *op. cit.*, p. 128.

Ejército. Roto el círculo de burócratas lopezreguistas que la rodeaba y su posible apoyo en las Fuerzas Armadas, Isabel Perón quedó en manos de la dirigencia sindical.

A partir del enfrentamiento de julio de 1975 con los sindicatos, y el posterior relevo de Laplane, quien representaba el compromiso de un sector de las Fuerzas Armadas con el gobierno, el general Jorge Rafael Videla asumió la comandancia en jefe del Ejército. La destitución de Laplane representó, dentro de las Fuerzas Armadas, la preeminencia de la perspectiva institucional con respecto a la política externa; es decir, la recuperación de la autonomía de las Fuerzas Armadas como factor de poder central, en lugar de girar en torno a otros sectores políticos nacionales. Desde ese momento estuvo claro que las Fuerzas Armadas no se comprometerían con ninguno de los sectores del gobierno y arreciaron los rumores de golpe de Estado.

Para fines de 1975, a la crisis política e institucional se sumaba la económica, que comprendía la caída del PBI, la reducción de las inversiones, el desabastecimiento, la especulación y la caída del salario real. En diciembre se produjo un intento de golpe encabezado por la Fuerza Aérea. La actividad de los grupos guerrilleros, así como la de los parapoliciales, proseguía en todo el país y los militares hacían énfasis en la incapacidad del gobierno peronista para controlarla.

La violencia se había multiplicado año a año, y afectaba a todo el territorio nacional. Más de la mitad de los actos de violencia se concentró en las grandes ciudades (29,3 por ciento en Buenos Aires, 17,1 por ciento en Córdoba y 12,5 por ciento en Santa Fe), pero el 41,1 por ciento de las acciones armadas se dio en el resto del país. Entre mayo de 1973 y abril de 1974 se produjeron 1760 hechos armados; entre mayo de 1974 y abril de 1975 fueron 2425, y entre mayo de 1975 y marzo de 1976 ascendieron a 4324. Para los mismos períodos, las muertes se distribuyeron como sigue: 754 el primer año, 608 el segundo y 1612 el tercero, con fuerte predominancia de bajas de la izquierda y el peronismo disidente (68 por ciento). A medida que fue avanzando el período, se registró mayor proporción de muertos y menor de heridos. Si entre mayo y noviembre de 1973 hubo 83,8 por ciento de heridos y 13,2 por ciento de muertos, entre octubre de 1975 y marzo de 1976 hubo 35 por ciento de heridos (entre los que predominaba el personal de seguridad) y 65 por ciento de muertos. Guerrillero capturado era guerrillero *muerto*, como parte de un *derecho del poder, más allá de la legislación vigente*.[31]

El aparato de seguridad pasó a estar controlado por autoridades militares y las policías quedaran en situación de dependencia operativa de las Fuerzas Armadas. A fines de noviembre, cuarenta y ocho oficiales de la Aeronáutica y la Armada participaban en el Operativo Independencia, en Tucumán. La Fuerza Aérea ganó la confianza de las otras dos, participando con acciones de bombardeo en la zona de operaciones de Tucumán. Los comandantes de cada fuerza, los jefes de Estado Mayor y los secretarios generales se reunían semanalmente y, más tarde, casi diariamente. Se formaron los Equipos de Compatibilización Interfuerzas. El aparato se preparaba para alcanzar su mayor grado de cohesión y eficiencia. En octubre, el general Videla declaraba en Montevideo: "Si es preciso, en la Argentina *deberán morir todas las personas necesarias* para lograr la paz del país".[32]

En febrero de 1976, el dirigente radical Ricardo Balbín declaraba: "No sé si el gobierno está buscando el golpe, pero está haciendo todo lo posible para que se lo den".[33] Los partidos políticos y la sociedad civil daban como un hecho el desplazamiento del gobierno y, en realidad, con declaraciones como esta, lo alentaban. Días antes del golpe, el general Viola se entrevistó con Balbín y con Lorenzo Miguel para anticiparles los sucesos. Desde la perspectiva de Rosendo Fraga:

31. Juan Carlos Marín, *Acerca de la relación saber-poder*, Buenos Aires, Centro de Investigaciones Sociales, 1978.
32. En Rosendo Fraga, *op. cit.*, p. 237.
33. Ricardo Balbín, en Rosendo Fraga, *op. cit.*, p. 225.

"Un clima de ansiedad parecía invadir los distintos ámbitos –contexto político, económico y social– y *empujar irreversiblemente* a las Fuerzas Armadas hacia la toma del poder".[34] En verdad, las Fuerzas Armadas no necesitaban a nadie que las empujara pero, también es cierto, nadie intentó detenerlas, ni siquiera la guerrilla, que estimaba que, por fin, se daría la batalla final, de la que sin duda saldría vencedora. El desgaste se aceleró y en marzo caía, sin sorpresa de nadie, este gobierno que había contado con la mayoría más aplastante de la historia electoral del país y durante el cual se habían producido 1600 muertes políticas, la mayor parte de ellas producto no de enfrentamientos sino de simples asesinatos.[35]

---

34. Rosendo Fraga, *op. cit.*, pp. 260-261.
35. Juan Carlos Marín, *op. cit.*

El poder desaparecedor

El Proceso de Reorganización Nacional se realizó con el acuerdo activo y unánime de las tres fuerzas, por primera vez en la historia de los golpes militares. Fue un movimiento institucional, en el que participaron todas las unidades sin ningún tipo de ruptura de las estructuras jerárquicas. Su ascenso, en estas condiciones, representó la colocación de las *instituciones militares como núcleo de las instituciones políticas*.

En 1976 la historia argentina había dado una vuelta decisiva. El peronismo, ese mal que signó la vida nacional, amenaza y promesa constante durante dieciocho años, había hecho su prueba y había fracasado también. La Argentina parecía no tener ya cartas para jugar.

Cuando los militares dieron el golpe del 24 de marzo, el país había pasado por años de violencia, la reinstalación de Perón en el gobierno, el fracaso de su modelo de concertación, el descontrol del movimiento peronista, el caos de la sucesión presidencial y del gobierno de Isabel Perón, el rebrote de la guerrilla, la crisis económica más fuerte de la historia argentina: en suma, algo muy similar al caos.

La sociedad estaba harta, y, en particular la clase media, clamaba por recuperar algún orden. Los militares estaban dispuestos a salvar una vez más al país, que se dejaba rescatar, decidido a cerrar los ojos con tal de recuperar la tranquilidad y la prosperidad perdidas muchos años atrás.

Esta vez, las tres armas asumieron por igual (aunque en una igualdad sólo formal) la responsabilidad del proyecto de salvamento. Ahora sí, producirían todos los cambios necesarios para hacer de la Argentina *otro país*. Para ello, era necesario emprender una operación de "cirugía mayor", así la llamaron. Los campos de concentración fueron el quirófano donde se llevó a cabo dicha cirugía; también fueron, sin duda, el campo de prueba de una nueva sociedad ordenada, controlada y, sobre todo, aterrada.

Las características del poder político durante el llamado Proceso de Reorganización Nacional se evidencian en una de sus criaturas, quizá la más oculta, una creación periférica y medular al mismo tiempo: el campo de concentración.

El hilo histórico que se ha insinuado hasta aquí intenta señalar que tales características no fueron algo enteramente novedoso. Arraigaron en la sociedad durante muchos años. Fueron apareciendo alternativamente, entrelazándose, sumergiéndose para desaparecer y reapareciendo algunas veces mutadas y otras intactas.

No obstante, el llamado Proceso tampoco puede entenderse como una simple continuación, una repetición exagerada de prácticas antes vigentes. Representó, por el contrario, una nueva configuración del poder, imprescindible para la institucionalización que le siguió. Ni más de lo mismo, ni un monstruo que engendró incomprensiblemente la sociedad. Un hijo legítimo pero que muestra una cara terriblemente desagradable, que exhibe sin pudor las vergüenzas de la familia, ocultando parte de su ser más íntimo. *Poder desaparecedor* que se gesta a lo largo del tiempo, que se esconde detrás del pretendido "exceso", para a su vez desaparecerse una y otra vez en los pliegues de la historia.

El papel y las prácticas que asumieron las Fuerzas Armadas en 1976 fueron la culminación de un largo proceso de usurpación y sustitución del lugar del Estado, con el consentimiento de amplios sectores sociales y políticos. Entre 1930 y 1976, la cercanía con el poder, la pugna por él y la representación de diversos proyectos de los sectores dominantes les fueron dando a las Fuerzas Armadas un peso político propio.

Si en 1930 el Ejército salió a asegurar con las armas los negocios de la oligarquía, en 1976 se lanzó a desarrollar una propuesta propia. De hecho, a partir de 1955, las Fuerzas Armadas comenzaron a ser, en forma cada vez más clara, el canal de circulación de las políticas del poder, más que el brazo armado de alguno de sus componentes.

La institución se politizó hasta grados a veces peligrosos para su integridad, como en los conflictos entre Azules y Colorados. Pero, en la medida en que se politizaba, en que asumía como propio el discurso de uno u otro sector, adquiría peso dentro de la vida política nacional y cobraba conciencia de un poder que ejercía desde su institucionalidad hacia todo el tejido social.

Una vez que las puertas de acceso al gobierno por medio de la competencia política quedaron cerradas para los sectores más poderosos, las Fuerzas Armadas, y en especial el Ejército, se constituyeron en receptáculo y sistema de transmisión de los diversos ensayos por recuperar el consenso, pero, sobre todo, por mantener el dominio. El aparato militar fue el centro de resonancia de las distintas fracciones del poder que, sumidas en una profunda crisis de representación, no atinaron a conformar un proyecto nacional coherente ni encontraron las mediaciones para expresarse políticamente.

Las Fuerzas Armadas fueron convirtiéndose entonces en el núcleo de las instituciones políticas, en el núcleo duro y homogéneo del poder, con capacidad para representar y negociar con los sectores decisivos su acceso al gobierno. La gran burguesía agroexportadora, la gran burguesía industrial y el capital monopólico se convirtieron en sus aliados, alternativa o simultáneamente. Toda decisión oficial debió pasar por su aprobación, o bien ser directamente concebida por el Ejército. La limitación que les imponía a los sectores poderosos la falta de consenso se esfumaba ante el poder disuasivo y represivo de las armas. Así, el alma del poder político fue militar.

La capacidad de negociación de las Fuerzas Armadas con diferentes sectores sociales dio lugar a la formación de grupos internos que apoyaron a una u otra fracción del poder. Esta misma capacidad le fue brindando al aparato militar una independencia creciente, una autonomía relativa con respecto a los demás sectores sociales y políticos. Las Fuerzas Armadas fueron capaces de conjuntar en sus propias filas a corrientes atomizadas que aceptarían, por vía de la disciplina y la jerarquía, una unidad institucional y una subordinación al sector dominante, según el proyecto de turno. Las corrientes internas pudieron articularse y encontrar consistencia por la identificación con el interés corporativo y por la existencia de una red de lealtades e influencias que sostiene la estructura. La pertenencia a una determinada arma o a una promoción, el haber compartido un destino o el conocimiento personal, antes que las inclinaciones político-ideológicas, pueden ser razón de respeto y reconocimiento. Este rasgo fue de primera importancia en una sociedad en que las clases dominantes no habían logrado forjar una alianza estable y los partidos políticos atravesaban una profunda crisis de representación, dentro de una sociedad compleja y ambivalente que no lograban atrapar. La atomización política y económica quedaba compensada entonces, hasta cierto punto, por la unidad del aparato armado y su imposición sobre la sociedad.

De esta manera, las Fuerzas Armadas concentraron la suma del poder militar y la representación múltiple de fracciones y segmentos del poder, adjudicada tácitamente. Esta conjunción explica su alta independencia con respecto a cada una de las fracciones o segmentos del poder.

El proceso conjunto de autonomía relativa y acumulación de poder crecientes llevó a las Fuerzas Armadas a asumir con bastante nitidez el papel mismo del Estado, de su preservación y de su reproducción, el núcleo de las instituciones políticas. En el marco de una sociedad cuyos partidos no podían diseñar una propuesta que unificara al bloque en el poder y le otorgara hegemonía social y política, los militares asumieron sobre sí la responsabilidad de dicha hegemonía.

Es cierto que las Fuerzas Armadas se adjudicaron el papel de "salvar" al país reiteradamente a lo largo de cuarenta y cinco años, pero no es menos cierto que sectores importantes de la sociedad civil reclamaron y exigieron ese "salvamento" una vez tras otra.

No existe partido político en la Argentina que no haya apoyado o participado en alguno de los numerosos golpes militares. Radicales del pueblo, radicales intransigentes, conservadores, peronistas, socialistas y comunistas se asociaron con ellos, en diferentes coyunturas. Tramposamente, el general Benito Reynaldo Bignone, último presidente de facto, dijo: "Nunca un general se levantó una mañana y dijo: 'Vamos a descabezar a un gobierno'. Los golpes de Estado son otra cosa, son algo que viene de la sociedad, que va de ella hacia el Ejército, y este nunca hizo más que responder a ese pedido". Creo que se podría decir, más bien, que los golpes de Estado vienen de la sociedad y van hacia ella, es decir que ella no permanece ajena; no es el genio maligno que los gesta ni tampoco su víctima indefensa. Civiles y militares tejen la trama del poder. Civiles y militares tejen un poder autoritario, golpista y desaparecedor. Y, sin embargo, la trama no es homogénea; reconoce núcleos duros; dibuja un poder fraccionario y no por ello los segmentos son menos constitutivos; en fin, reconoce puntos y líneas de fuga, que también permiten explicar la índole del poder.[36]

---

36. En Jorge Grecco y Gustavo González, *Argentina: el Ejército que tenemos*, Buenos Aires, Sudamericana, 1990.

Disciplina militar y disciplinamiento social

Las Fuerzas Armadas, y el Ejército como núcleo de estas, al ir construyéndose, a su vez, en el eje de las instituciones políticas, asumieron el disciplinamiento de la sociedad, para modelarla a su imagen y semejanza. Pero esto no fue suficiente y en 1976 necesitaron algo más que un cuartel ordenado: necesitaron un cuerpo social dócil y aterrado.

Sin embargo, sería falso pensarlas como una fuerza que impone a la sociedad un poder que emana de ellas, sin someterlas al mismo tiempo. Fue preciso ejercer primero ese poder sobre sí mismas durante largo tiempo. Hay un estrecho contacto entre las formas de dominación externas e internas. El poder que disciplina *se disciplina* de una manera tan brutal como para internalizar, hacer carne aquello que se imprimirá sobre el exterior. Se aprende "marcando" en el propio cuerpo lo que se diseminará en otros, como un sello que debe grabarse primero para poder dejar su impronta.

El proceso de disciplinamiento y obediencia a través de un miedo que se inscribe en el cuerpo tiene larga data en la sociedad y en las instituciones armadas, y se remonta prácticamente a la constitución de la Nación. Allá, en los orígenes de nuestra vida independiente, la Asamblea del año 1813 había prohibido los tormentos, pero esas prácticas se siguieron utilizando, y queda constancia, por denuncias públicas, de su uso nada menos que en escuelas y, precisamente, en *cuarteles*. En las *Memorias* de Tomás de Iriarte consta que, alrededor de 1817, "el trato que se daba a la tropa era el más inicuo, el castigo infamante de azotes era casi diario... salían los cabos con sus varas y el mayor con otra y empezaba el vapuleo; si no daba recio, el mayor descargaba a la vez su vara sobre las espaldas de los cabos. Entre tanto *la banda de tambores no cesaba de tocar* [tal como actualmente en las torturas]... para *que no se oyesen los gemidos* de aquellos desgraciados que sabían llevar hasta quinientos y seiscientos palos, uno de ellos *murió en el hospital* al día siguiente de haber sufrido tan cruel castigo. El despiadado mayor se gozaba en ver sufrir a aquellos desdichados cuyo delito era *imaginario e insignificante*".[37]

A la pena de azotes se sumaban las estaqueadas, los plantones, las ataduras de palo y de cepo. Podría pensarse que estos "abusos" eran producto de una prohibición legal relativamente reciente que no había logrado suprimir ciertos usos largamente arraigados durante la Colonia. Pero cuando nos encontramos con que en la Asamblea Constituyente de 1860 se discutió precisamente el problema de los tormentos y azotes en el Ejército, y con los términos en los que se realizó el debate, tal argumento queda descalificado. El *ab uso* era un *uso*.

En las deliberaciones de la Constituyente, Esteves Saguí refirió que la pena de azotes se aplicaba en los *cuarteles* y en la *Cárcel Pública*. En relación con eso opinó: "Sin embargo, nadie ha reclamado hasta ahora, ni se ha alzado una sola voz en la Legislatura para reclamar contra semejante arbitrariedad... arbitrariedades que se han cometido no en los días de acción ni frente al enemigo, sino dondequiera que ha habido soldados".

Pero no todos los legisladores estuvieron de acuerdo con Esteves Saguí. Mitre argumentó que "en donde hay ejército debe haber disciplina y subordinación, y, entonces, los hombres van sacrificando la libertad, la vida... En el orden militar toda falta es grave. El que levanta la voz al sargento, como el que levanta la espada al coronel, comete un acto de insurrección y merece una pena grave; y si los azotes están

---

[37] En Ricardo Rodríguez Molas, *op.cit.*, p. 27.

DISCIPLINA MILITAR Y DISCIPLINAMIENTO SOCIAL 63

abolidos, es preciso *matar* al hombre por una pequeña falta cualquiera". También Roque Pérez aseguró, justificando el castigo, que "en las naciones más cultas se aplica la pena de azotes", y dio por ejemplo a los Estados de Cerdeña.

Por último, entre varios legisladores se desarrolló el siguiente diálogo:

–ALBARIÑO: No, señores, no hay ninguna ley ni ningún código que autorice a ningún jefe para azotar a ningún subalterno.
–BARROS PAZOS: ¿Y los palos, señor?
–MÁRMOL: *Todos los días se dan palos.*
–ALBARIÑO: He dicho, señores, que no hay un solo artículo de la ordenanza militar que autorice el castigo corporal con palos ni azotes al soldado... *La pena de los azotes* aplicada por algunos jefes en el Ejército de Buenos Aires *se ha tenido por buena*; hemos creído que lo era, y se ha empezado a castigar al soldado con palos; pero eso no ha sido por leyes patrias, no porque la ordenanza lo mande.[38]

El diálogo de los legisladores de 1860 muestra cómo la disciplina se impone desde un cuerpo castigado y sometido, cuyo primer acto de subordinación es la aceptación del castigo. Se debate entre los azotes y la pena de muerte, es decir, entre la pena corporal y la privación misma de la vida, ya excluidos para la sociedad civil, pero invocados como medios para el disciplinamiento del Ejército, el disciplinamiento del cuerpo militar.

Años más tarde, en 1864, se volvió a debatir en las cámaras el tema y se decretó la abolición de la pena de azotes en el Ejército, que se aplicaba sólo a los soldados, nunca a los jefes y oficiales. En esa oportunidad, el diputado Oroño señaló: "Hacer la historia de los hechos que se cometen en el Ejército con los pobres soldados sería hacer una historia triste y degradante para el país... La pena de azotes es una pena que sólo se aplica al soldado... Acaba de cometerse el más terrible abuso

---

38. Ricardo Rodríguez Molas, *op. cit.*, pp. 47-55.

con algunos infelices soldados que han sido *muertos a azotes* en la frontera sur de la provincia de Santa Fe".[39]

La historia continúa. En 1881 se prohibió el uso del cepo, lo que revela que se seguía usando; en 1906 se abolía la pena de muerte. No obstante, los castigos siguieron. En 1894 se denunciaba el uso "del grillete en los cuarteles del país para inmovilizar a los soldados que cumplen algún castigo". La Armada no iba a la zaga en el sistema de represión interna. El diputado nacional Francisco Barroetaveña denunció en 1896 haber presenciado en un buque "castigos verdaderamente atroces, inquisitoriales... por la simple sospecha de que un muchacho que figuraba como marinero hubiese hurtado algún dinero a uno de los presos políticos que estábamos en el barco, fue sometido a un suplicio... en una semihorca. Es un aparato que no asfixia completamente al individuo, pero que lo mantiene suspendido del pescuezo, pisando apenas con la punta de los pies... Estuvo el muchacho en este suplicio tres días y tres noches... Sólo se le bajaba de la semihorca cuando se desmayaba... A los tres días el médico declaró que la vida peligraría si el suplicio continuaba... fue mandado, creo, al hospital con el cuello semidislocado. El suplicio fue por una *simple sospecha*. Después se supo que el ladrón había sido otro marinero... Hay otro castigo... que consiste en hacer pasar de un lado a otro del barco, por debajo de la quilla, a un hombre atado de pies y manos... los más mueren asfixiados. Suelen aplicarse allí castigos crueles, los azotes, la barra, varias especies de tormentos proscriptos por la Constitución".[40]

La contratación, en 1899, de oficiales alemanes como instructores reforzó las prácticas de obediencia ciega y el rigor de la disciplina. Cuando en 1902 se estableció la obligatoriedad del servicio militar para todos los ciudadanos del país, el Ejército tuvo la posibilidad de extender las pautas de castigo-obediencia y el ejercicio de una influencia vastísima a toda la

---
39. *Ibidem*, p. 73.
40. Ricardo Rodríguez Molas, *op. cit.*, p. 83.

sociedad. De esta circunstancia derivó, en buena medida, su enorme poder durante todo el siglo.

La complejidad de la nueva situación no escapaba a los observadores atentos. El general Alberto Capdevila señalaba en 1903 frente a la Cámara de Diputados, de la manera más clara, qué implicaba la incorporación al Ejército, qué transformaciones produciría en una población que aún no estaba disciplinada socialmente, pero que el Ejército se encargaría de modelar: "... el ciudadano, muchas veces analfabeto, que se incorpora a un cuerpo del ejército, por temor al castigo que la ley comporta, completamente extraño al ambiente del cuartel, refractario al *uniforme que lo embaraza* y a la *disciplina que lo inhibe* y lo comprime, no tiene las aptitudes morales que el servicio militar exige... A ese recluta que proviene de un pueblo, todavía *sin la suficiente disciplina social*, de un hogar de reciente formación, tiene el oficial subalterno que *inculcarle*, ante todo, la *subordinación absoluta*; es decir, la *abdicación de su personalidad... confundirse* en las filas *como un número y ahogar su alma colectiva* que sólo debe *obedecer en silencio...* Se obedece en todos los grados y *la obediencia va hasta la muerte*".[41] Los subrayados son nuestros, pero quien lo afirma es un general de la Nación.

En 1910 Eduardo Gilimón en su libro *Un anarquista en Buenos Aires*, observando la persistencia del castigo no sólo en la vida militar, sino su extensión a terrenos más vastos, afirmaba: "En todas las *cárceles* se maltrata. Como *se maltrata en los cuarteles*, en las *escuelas*, en donde quiera que hay una colectividad y unos hombres con mando sobre ella".

Durante la Década Infame, la elegancia de la oligarquía porteña no le impedía tener, como uno de sus representantes, al jefe de la División de Orden Político, Leopoldo Lugones hijo, quien, en lugar de componer versos como su padre, había inventado, a los dieciséis años, "nada menos que un aparato para torturar detenidos". Nacía la picana eléctrica como instrumento de castigo.

---

41. *Ibidem*, p. 84.

En 1931, en la Penitenciaría Nacional, el régimen de Uriburu hizo torturar a civiles y también a militares, sospechosos de conspirar en contra de él. Lo sorprendente es que, además de torturar a numerosos militares, entre ellos a un general de la Nación, también consta que allí "los agentes de investigaciones que prestaban servicios en la Penitenciaría a las órdenes del comisario Vaccaro se jactaban de los tormentos y *explicaban a los conscriptos cómo se aplicaban*. Yo [teniente primero Adolfo Pérez] expresé mi descontento, lo mismo que muchos otros oficiales. Estas expresiones mías y de otros camaradas llegaron a conocimiento del teniente coronel Molina, quien por medio del teniente coronel Rossi me manifestó su desagrado".[42] Cuerpos castigados y castigadores, los conscriptos y, en general, toda la estructura militar, de distintas maneras.

De hecho, la larga intervención de las Fuerzas Armadas en la represión política a partir de la segunda posguerra, y el desarrollo de la Guerra Fría y la Doctrina de Seguridad Nacional inscribieron en las instituciones el modelo y el objeto del castigo; la forma que este debía adoptar y sobre quién debía recaer. Así como la sociedad sabía que la tortura se aplicaba en comisarías y cárceles sobre los presos comunes como práctica normal e ininterrumpida, así también sabía que se castigaba a los soldados, por medio de una disciplina arbitraria y cruel. La modalidad que adquiría el castigo en los cuarteles se presentaba como parte de la instrucción y la disciplina militar, partiendo de un principio: la aceptación de las órdenes más allá de su carácter degradante o peligroso.

Los conscriptos –y también los presos– son hombres cuya individualidad desaparece en el uniforme, hombres que, por lo general, representan también cierto lugar dentro de la sociedad. Los que tienen contactos, amigos, parientes poderosos ocuparán de preferencia las oficinas, se verán relativamente libres del infierno de la llamada instrucción y los "bailes" colectivos. La tropa se forma por el montón; los "blancos" preferidos son el hombre del interior, el "bruto", el indisciplinado, el homosexual.

---

42. Ricardo Rodríguez Molas, *op. cit.*, p. 96.

El sistema de conscripción, es decir, de reclutamiento masivo y obligatorio de la tropa en la población, mientras existió tuvo un efecto diseminador de la disciplina en toda la sociedad. La convalidación social del orden, la jerarquía y la disciplina corre pareja con el odio hacia lo militar. Sin embargo, las anécdotas de cualquier reunión en donde los hombres que hicieron la conscripción obligatoria recuerdan las épocas de la "colimba" en última instancia se aprueban con una risa cómplice, acompañada de alguna expresión (¡qué bárbaros!), pero no de la protesta, no de la indignación. Las anécdotas incluyen la denigración pública de unos soldados frente a otros, el castigo arbitrario con prisión dentro del cuartel o en calabozos especialmente destinados a ello y, sobre todo, "el baile", que no era otra cosa que una forma de tortura.

Bailar a un hombre o a un grupo significaba someterlo a ejercicios físicos difíciles y dolorosos para castigar faltas de disciplina. Estaba prohibido por el Código de Justicia Militar, pero se practicó impunemente y podía terminar en lesiones graves e incluso la muerte. El *baile* y la instrucción despiadada eran formas complementarias, que existieron hasta la liquidación del servicio militar obligatorio. Decía con jactancia el coronel Aldo Rico, defensor de la llamada "guerra sucia", con obvia influencia de la concepción prusiana según la cual el sufrimiento durante el entrenamiento redundaba en bien del soldado: "Yo soy conocido por lo tremendamente despiadado que he sido en instrucción militar de cualquier nivel... tengo *muertos y heridos* en instrucción".[43]

¿Qué quiere decir cuando pocos renglones antes, en aparente contradicción con estas prácticas, afirma que la disciplina "no tiene que ser automática, tiene que ser racional. Hay que desterrar la idea obsoleta del siglo pasado que aún se usa en nuestro Ejército y que dice que el superior siempre tiene razón, aun cuando no la tiene"? Rico simplemente quiere decir que se siente en el derecho de disentir políticamente con la jerarquía militar, que puede ser indisciplinado en este sentido. Pero ¿des-

---

43. Aldo Rico, en Jorge Grecco y Gustavo González, *op. cit.*, p. 166.

obedecer la orden de un superior? Jamás. Es allí donde se graba la disciplina que impregnará el cuerpo de la sociedad. En ese derecho soberano que se reserva el superior para poner en juego la dignidad o la vida de otro, sin posibilidad de apelación.

¿Excesos del coronel Aldo Rico? ¿Hay posibilidad de cometer un exceso sobre el cuerpo o la vida de otro dentro de una institución, sin recibir castigo, si no se cuenta con la aprobación y la complicidad institucional?

Cuando después de la guerra de Malvinas se supo que un conscripto había sido estaqueado, el comandante de Aviación Naval se refirió al suceso como "una cuestión periférica" de la guerra. Evidentemente el hecho no definió la guerra, pero sí definía la índole de la disciplina en las Fuerzas Armadas Argentinas. Los "abusos" sobre los soldados sólo aparecen cuando la máquina encargada de *esconderlos* fracasa.

Sólo quiero tomar aquí un caso mucho más reciente que tuvo difusión en la prensa. En marzo de 1994, en el Grupo de Artillería 161 de Zapala, un sargento y un subteniente "bailaron" durante más de dos horas a los conscriptos. Como consecuencia del ensañamiento personal con uno de ellos, poco adaptable a la disciplina del cuartel, le provocaron la muerte. Dada la gravedad del caso *hicieron desaparecer el cuerpo* y denunciaron el hecho como si se tratara de la deserción del conscripto Omar Carrasco. La familia no creyó la versión militar. Se iniciaron las investigaciones, y en el mes de mayo se descubrió el asesinato y el cuerpo escondido de la víctima. Los demás soldados declararon, negándose a regresar al cuartel por temor a las represalias. La nota del periódico *Página/12*, del 10 de mayo de 1994, comenzaba así: "El titular del Ejército, teniente general Martín Balza, advirtió ayer a medio centenar de jefes de las guarniciones de Buenos Aires y Campo de Mayo que sancionará 'con todo rigor' a aquellos oficiales que ordenen 'bailes' a los jóvenes que presten servicio militar obligatorio en las unidades bajo su mando". No se le hubiera ocurrido decir que sancionaría a quienes robaran armas. Es obvio que así sucedería y además no es una práctica frecuente como para hacer la aclaración. En cambio, la práctica del "baile" es un hábito que nunca se castiga en las guarniciones militares. Se requiere un hecho de semejante gravedad, que termina siendo inocultable, entre otras razones, porque lo perpetraron en un lugar perdido, un sargento y un subteniente, para lograr una condena del comandante en jefe del Ejército.

El poder que se ejerce en el cuerpo de la víctima fatal se extiende como posibilidad de muerte y como castigo hecho carne en todos los otros, los "bailados", víctimas y cómplices temerosos del omnipotente poder militar. Cada soldado, cada cabo, cada oficial, en su proceso de asimilación y entrenamiento, ha aprendido la prepotencia y la arbitrariedad del poder en su propio cuerpo y en el cuerpo colectivo de la institución.

El control del tiempo y del movimiento permite disciplinar los cuerpos en largos plantones que obligan a una falsa inmovilidad, marchas forzadas o carreras rápidas; los rígidos horarios que deliberadamente recortan los tiempos más íntimos, la aceptación de órdenes que contravienen el sentido común y bloquean toda capacidad crítica, son prácticas que se imponen a toda la jerarquía militar. "Es necesario controlar el cuerpo en sus tiempos y movimientos, condicionarlo a otro tiempo que no sea el deseado por él, asignándole horarios, supervisando sus actividades, midiendo la velocidad de sus acciones, reglamentando las horas destinadas al ocio, pero sobre todo llenando la vigilia con cualquier actividad."[44] Imperceptiblemente, el militar va encontrando límites desconocidos y una resistencia cada vez mayor. Somete su cuerpo al imperio de órdenes que se gritan y rompe las barreras, violentando su propio ser.

El control del cuerpo, sin embargo, no es suficiente, es preciso una vigilancia mayor y aún más interna. Las emociones se ocultan pero en lo posible desaparecen, y el hombre se prepara para el fin último de la institución militar: aceptar sin resistencia la orden de matar y la posibilidad de morir.

---

44. Roberto Tocavén Montejano, *La organización militar: un enfoque a partir de sus mecanismos de adiestramiento*, tesis de maestría, México, UNAM, 1987.

La obediencia indebida

La disciplina implica castigo u obediencia. En la medida en que no logra imponerse y atravesar a los hombres se requiere el castigo. Pero cuando la disciplina se ha hecho carne, penetra en el cuerpo y se convierte en obediencia. "La disciplina es el alma de cualquier institución militar y la justicia militar está destinada a preservarla."[45]

El proceso comienza con una orden que puede ser precisa o difusa. En el primer caso sólo cabe el cumplimiento. Si la orden es difusa, el subordinado la interpreta, descifra el deseo del jefe a partir de su conocimiento de la institución y ejecuta la orden con mayor o menor iniciativa. A veces su celo profesional lo lleva a cometer "excesos", que considera coincidentes con el "espíritu" general de las acciones. Cuanto más grave es la orden, más difusa resulta o, por lo menos, se difumina el lugar del que emana; se pierde en la larguísima cadena de mandos.

Los códigos militares presuponen que la responsabilidad de la acción recae en el mando superior que da la orden. También parten de la idea de que las órdenes no pueden implicar la comisión de delitos. Sin embargo, el condicionamiento a la obediencia ciega que reciben los militares hace que en verdad se los prepare para cumplir las órdenes sin que exista oportunidad del cuestionamiento

---

45. General Sánchez de Bustamante, en Jorge Grecco y Gustavo González, *op. cit.*, p. 161.

acerca de su legalidad, es decir, precisamente para que sean capaces de cumplir las órdenes ilegales.

En primer lugar, cuando el poder militar se despliega socialmente suele tener la capacidad para modificar la legalidad según sus objetivos. Por ejemplo, casi todos los crímenes de guerra nazis estaban amparados por la legislación alemana que había dictado Hitler.

Pero más allá de ello, el soldado o el oficial, como parte de una estructura de poder incuestionable, no conciben, sino eventualmente, que una orden pudiera ser "ilegal"; si lo hicieran, existe un segundo condicionamiento, el temor al castigo, que los impulsa a no escuchar las voces interiores. Se consuma así la obediencia.

La naturalización del hecho de matar, justificado por la situación de combate frente a un enemigo, hace que otras situaciones se asimilen a la categoría de combate y grupos muy amplios se caractericen como enemigos para admitir así, bajo una supuesta lógica de guerra, acciones de simple represión o exterminio. Así, el general Ramón Camps, jefe de la Policía Federal durante el gobierno militar, declaró: "Entre esos cinco mil desaparecidos puede haber errores. Lo admito... Aquí libramos una guerra y para vencerla hubo que adoptar medidas drásticas. Quizá nos equivocamos, pero al final, y eso es lo que importa, vencimos".[46]

Hay algunos mecanismos internos que facilitan el flujo de la obediencia, lubrican la cadena de mandos y diluyen la responsabilidad. Toda obediencia proviene de una orden, es decir, de un proceso previo de *autorización*. El hecho de que un acto esté autorizado parece justificarlo de manera automática. Al provenir de una autoridad legítima, el subordinado actúa como si no tuviera posibilidad de elección. Según el propio código militar, "la obediencia es la sumisión a la autoridad legítima. El deber de un soldado es obedecer ya que esta es la primera obligación y la cualidad

---

46. Reportaje al general Camps, *La Semana*, Buenos Aires, enero de 1984.

más preciada de todo militar".[47] Se antepone a todo juicio moral el deber de obedecer y la sensación de que la responsabilidad ha sido asumida en otro lugar. Así, el ejecutor queda libre de cuestionamiento y se limita al cumplimiento de la orden. Los demás son cómplices silenciosos.

El *miedo* se une a la obligación de obedecer, reforzándola. Ya se señaló la fuerza del castigo que sobreviene al incumplimiento, y que se ha grabado previamente en el subordinado, para que no se atreva a cuestionar la legitimidad de las órdenes. Por ejemplo, Raúl Vilariño, suboficial operativo de la Escuela de Mecánica de la Armada, aseguró: "Si usted ahí expresaba que estaba en desacuerdo o decía que quería salir, seguro que podía tener algún inconveniente, algún tropiezo, algún problema médico... Al principio se cumplían órdenes voluntariamente. Pero, después, por temor a no seguir viviendo". La sujeción por el miedo resulta aquí evidente.

La *burocratización* que implica una cierta rutina también dificulta el cuestionamiento de la orden. Las tareas se realizan en forma fraccionada, de manera que se puede aducir o simular el desconocimiento de intencionalidades y fines últimos. En la larga cadena de mando cada subordinado es un ejecutor parcial. Las acciones se desdibujan y las responsabilidades también. En el mismo reportaje a Raúl Vilariño, cuando le preguntaron qué sucedía cuando entregaba a una persona secuestrada en la ESMA, contestó: "Eso era parte de otro grupo", como si "eso" fuera enteramente ajeno a él.[48] Para facilitar el distanciamiento de la responsabilidad personal, las tareas desagradables también se designan con eufemismos. No se tortura, se interroga, se "baila"; no se asesina, se traslada, y así sucesivamente.

Junto a la burocratización se da la *deshumanización* de la víctima y del victimario. El ejecutor es simplemente una

---

47. General Maffrey, en Jorge Grecco y Gustavo González, *op. cit.*, p. 167.

48. Reportaje a Raúl David Vilariño, en *La Semana*, nº 370, Buenos Aires, 1984.

pieza de una complicadísima maquinaria que no controla y que puede destruirlo. De hecho, es una maquinaria de destrucción que cobra vida propia. La impresión es que ya nadie puede detenerla. La sensación de *impotencia* frente al poder *secreto, oculto,* que se concibe *omnipotente*, desempeña un papel clave en su aceptación y en la actitud de sumisión.

Los individuos tienden a obedecer de manera automática e incondicional. Pero la cadena de mandos es compleja. Los jefes tienen jefes y la interpretación de las órdenes se complica y difumina en las autoridades intermedias. Los mecanismos de la obediencia se incorporan en distintos grados, que van del simple consentimiento a la más profunda internalización, sin desechar la desobediencia que, ciertamente, es muy eventual pero existe. Aun en el centro mismo del poder, la homogeneización y el control total son sólo ilusiones.

La diseminación de la disciplina en la sociedad hace que la conducta de obediencia tenga un alto consenso adentro y afuera de las instituciones armadas; la posibilidad de desobedecer resulta prácticamente impensable. El subordinado es como un prisionero, cuya vida está sujeta dentro de la institución. Pero, además, la aceptación de la obediencia como "natural" es la clave del reconocimiento de la autoridad instituida. En síntesis, el disciplinamiento del cuerpo social y el disciplinamiento de la institución militar ocurren gracias a un largo proceso de violencia que se graba en forma directa, sobre los cuerpos de civiles y militares, mediante el uso de la fuerza. Disciplina social y disciplina militar se corresponden y se potencian mutuamente. Esto prepara al soldado-ciudadano y al ciudadano-soldado a aceptar como válido el principio de autoridad que lo lleva a la "obediencia debida".

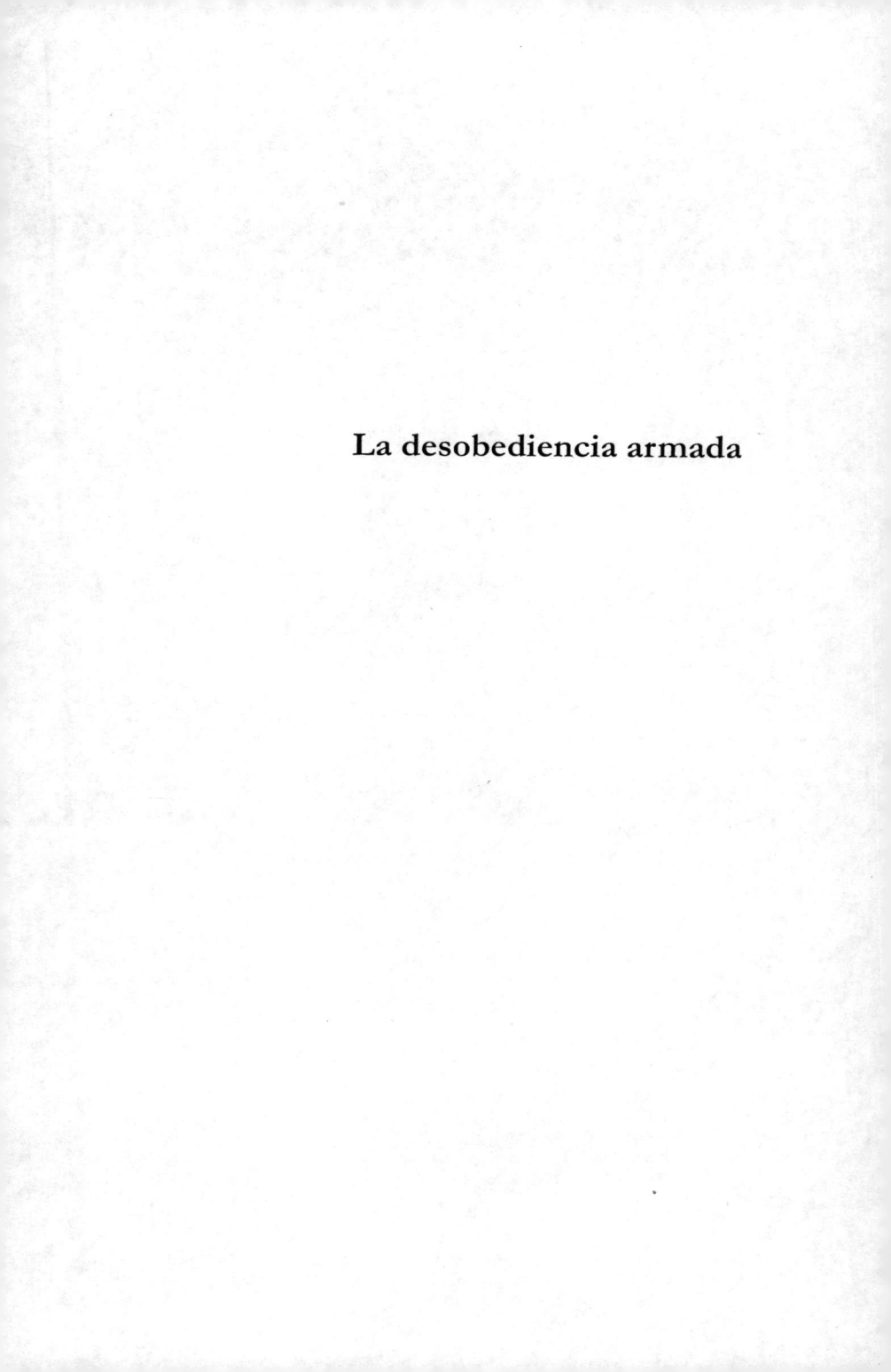

La desobediencia armada

La desobediencia armada

De las numerosas formas de desobediencia que se practicaron en la sociedad, la más radical y confrontativa fue la de los grupos armados, cuya práctica puede entenderse, a la vez, como respuesta y como continuación de la lógica violenta que predominó en la política argentina a lo largo del siglo XX.

En 1976, al inicio del Proceso de Reorganización Nacional, existían dos grandes organizaciones guerrilleras en la Argentina: el Ejército Revolucionario del Pueblo (ERP) y Montoneros. La primera había tenido su origen en el Partido Revolucionario de los Trabajadores (PRT), de orientación trotskista, y se había constituido formalmente el 28 de julio de 1970, durante la celebración del V Congreso del PRT. Sus fundadores fueron un puñado de cincuenta jóvenes, tan jóvenes que su edad promedio era de veinticinco años.[49] Vale la pena detenerse en la denominación de Ejército, ya que esta correspondía a una concepción central en los grupos de vanguardia de esos años, que suponía la necesidad de librar una guerra popular y prolongada. Esta idea se desprendía de la experiencia victoriosa de uno de los pueblos más pobres del mundo, los vietnamitas, frente al coloso militar de Estados Unidos. Los jóvenes fundadores del ERP suponían que en la Argentina se estaba librando una lucha similar, protagonizada por el pueblo (concebido como una alianza de campesinos, estudiantes, sectores urbanos marginales y clase media baja, hegemonizados por la clase obrera industrial) contra el imperialismo y sus aliados

49. María Seoane, *Todo o nada*, Buenos Aires, Planeta, 1991, p. 134.

nacionales. Por lo tanto, se debía constituir una fuerza militar capaz de dirigirlo, en calidad de vanguardia.

El documento constitutivo del ERP es suficientemente ilustrativo de esta concepción: "El Ejército Revolucionario del Pueblo, uniendo su actividad combatiente a la de otras organizaciones hermanas, ha asumido junto a ellas la *responsabilidad política y militar* en el proceso de la *guerra revolucionaria* que ha comenzado a vivir nuestro pueblo contra la opresión económica, política, cultural y militar que la dictadura ejerce en representación del imperialismo yanqui y del capitalismo argentino... *la lucha será larga*, pues debemos enfrentar a un enemigo superior... [Eso] sólo es posible con la participación plena y activa de la clase obrera, el estudiantado y todo el pueblo patriota, antidictatorial y antiimperialista... esta es una *guerra del pueblo*, nuestras acciones tienen un objetivo principal: *despertar la conciencia popular* y mostrar a todos los patriotas el camino para acabar con la explotación, el hambre, la miseria a que nuestro pueblo se ve sometido".[50]

Las aspiraciones de dirigir una guerra popular y prolongada no eran privativas del ERP, brazo armado del PRT, ya que las organizaciones guerrilleras peronistas compartían esta intención. Sin embargo, existía entre ambas corrientes una diferencia sustancial: la posición frente al socialismo y al peronismo. Para el PRT la meta del socialismo era irrenunciable, y no requería ningún atenuante. Mientras la izquierda peronista se adscribía a un difuso "socialismo nacional", el ERP hablaba sin pruritos de "un luminoso porvenir socialista, fin de la explotación y de los sufrimientos y comienzo de una era de justicia y felicidad colectiva para veintiséis millones de argentinos".[51] Aún no había caído ningún muro y, con las correcciones necesarias al modelo burocrático soviético –del que los trotskistas habían tomado distancia desde sus

---

50. ERP, "Resoluciones del V Congreso del PRT", en *El Combatiente*, 1973.

51. ERP, *El Combatiente*, 5 de junio de 1974.

inicios–, el socialismo seguía apareciendo como una utopía posible y deseable.

El PRT-ERP consideraba que el policlasismo peronista era una trampa burguesa para la revolución que, siendo socialista, debía estar necesariamente conducida por el proletariado. Desconfiaba, en consecuencia, de que la conducción de Perón pudiera tener alguna utilidad para un proyecto revolucionario. "Si Perón no realizó una auténtica revolución [entre 1945 y 1955] fue simplemente porque no quiso hacerla. Porque no estaba en sus planes, encerrados dentro del marco estrictamente burgués de su proyecto bonapartista."[52] Estas posturas, referidas principalmente al proyecto político y al papel del peronismo dentro de este, marcaron profundas divergencias entre los grupos trotskistas y peronistas, que se profundizaron frente a la coyuntura electoral de 1973.

"La apertura electoral propuesta por el gobierno no es más que una de las medidas para la contrainsurgencia dictada por los Estados Unidos",[53] declaraba el ERP en su primera conferencia de prensa clandestina, el 28 de junio de 1972, cuando ya se vislumbraban las futuras elecciones. Si bien más tarde la organización revisó este punto de vista, sin embargo nunca llegó a adoptar una definición que le permitiera participar en el proceso electoral y en la enorme movilización política que vivió el país en esos momentos. Las elecciones, que el ERP había reducido a una simple medida contrainsurgente, se realizaron en marzo de 1973 y contaron con el voto del 79 por ciento del electorado. De los 11 911 832 sufragios válidos, 5 907 464, es decir, el 49,59 por ciento, correspondió al FREJULI, frente liderado por el peronismo.

En verdad, la desconfianza del ERP no se restringía a ese proceso electoral en particular sino a toda forma de institucionalidad burguesa y democrática. "Quedamos claros entonces que no esperamos nada de la elección y que debemos luchar contra ella, desenmascararla ante el pueblo, y tratar de poner

---

52. PRT, *El peronismo ayer y hoy*, México, Ed. Diógenes, 1974, p. 25.
53. En María Seoane, *op. cit.*, p. 147.

en claro ante las masas la imposibilidad de triunfar por vía parlamentaria. La cuestión táctica que debemos encarar enseguida es cómo lo logramos, cómo luchamos mejor contra el parlamentarismo, contra la vía electoral", escribía desde la cárcel Mario Roberto Santucho, su más brillante dirigente.[54]

La convicción del ERP de que las elecciones y el liderazgo peronista eran contrarios a los intereses populares –que ellos podían interpretar y defender mejor en su calidad de vanguardia– no se debilitó por los resultados de un proceso electoral descalificado *a priori*. Poco después, y apenas unos días antes de las siguientes elecciones en septiembre de 1973 –las mismas que el peronismo volvió a ganar, esta vez con el 62,7 por ciento de los votos–, el ERP intentó copar militarmente el Comando de Sanidad, perteneciente al Ejército, con el objeto de "desenmascarar a Perón".

Este desatinado intento no fue la primera acción armada que emprendió el grupo trotskista desde el inicio del proceso democrático. La desconfianza que el ERP tenía hacia las formas burguesas de la política y hacia el peronismo como movimiento, junto al lugar privilegiado que le asignaba a la lucha armada, se pusieron de manifiesto con total claridad desde algunos meses antes. En medio de elecciones con una alta participación ciudadana como las de mayo y septiembre de 1973, así como de una extraordinaria movilización popular en todo el territorio nacional, el ERP sólo suspendió su accionar armado durante poco más de dos meses. El 23 de mayo de 1973, dos días antes de la asunción del doctor Cámpora a la presidencia, intentó el copamiento de una comisaría en Merlo, provincia de Buenos Aires; el 5 de agosto asesinó al comisario Hugo Guillermo Tamagnini, acusado de aplicar torturas a presos políticos; el 6 de septiembre intentó copar el Comando de Sanidad, con el saldo de un militar muerto y trece guerrilleros detenidos. Ese mismo mes, el 24 de septiembre el gobierno declaró ilegal al ERP,[55] quedando excluido, y casi se podría decir au-

---

54. *Ibidem*, p. 153.
55. María Seoane, *op. cit.*, pp. 223-225.

toexcluido, del incierto proceso democrático. Su estrategia, ya entonces, consistía en romper el equilibrio institucional para concluir con una farsa democrática destinada a debilitar la organización popular y revolucionaria. En efecto, esa ruptura se produciría pero dos años y medio más tarde, e implicaría la destrucción de la organización trotskista y de todos los grupos guerrilleros de la época.

Desde su paso a la clandestinidad, en septiembre de 1973, el ERP reforzó la práctica armada y participó en la intensificación de la violencia, ya desatada en el país. En marzo de 1974 instaló un foco guerrillero rural en la provincia de Tucumán, la Compañía de Monte, que "justificó" la intervención directa del Ejército en la actividad represiva, con la consigna de "neutralizar y/o aniquilar el accionar de elementos subversivos que actúan en la provincia de Tucumán".[56] Fue entonces cuando se crearon los primeros catorce campos de concentración del país, en la misma provincia, todavía durante el gobierno constitucional de Isabel Perón.

Al mismo tiempo que abrió su frente en el monte tucumano, el ERP intensificó todo lo posible el accionar militar urbano, que alcanzó su punto culminante en el intento de copamiento del Batallón de Arsenales 601 de Monte Chingolo, en diciembre de 1975. En el operativo participaron alrededor de 250 guerrilleros. Pero, como consecuencia de la infiltración de la organización, los militares esperaban el ataque, que terminó con un saldo de 53 muertos, 49 de ellos guerrilleros y cuatro víctimas accidentales.

Montoneros se apresuró a condenar la operación, en un perogrullesco artículo aparecido en su órgano oficial, *Evita Montonera*, que se titulaba "Monte Chingolo: equivocarse conduce a la derrota", en el que criticaba a la conducción trotskista, y valoraba la operación como una "grave derrota para el campo popular y consecuentemente en el plano

---

56. Decreto presidencial, en Juan Gasparini, *Montoneros, final de cuentas*, Buenos Aires, Puntosur, 1988, p. 76.

político".[57] Los Montoneros olvidaban que ellos mismos, apenas dos meses antes, habían sufrido un golpe semejante en el ataque al Regimiento 29 de Infantería de Monte, en Formosa, en el que habían perdido once combatientes. No obstante, en su momento, habían colocado como texto único de portada, también en el *Evita Montonera*: "Formosa: victoria del Ejército Montonero", como si en su caso equivocarse no los condujera a la derrota.[58]

Ambas acciones se inscribían dentro de la táctica de ataque indiscriminado a las Fuerzas Armadas, que redundó en favorecer la cohesión de las instituciones militares en torno a la necesidad de producir un golpe de Estado que detuviera a la subversión. En verdad, podría decirse que desde mediados de 1975 tanto la guerrilla (y no sólo la trotskista) como las Fuerzas Armadas, por distintas razones, coincidían en la necesidad del golpe. Mientras que para estas últimas se trataba de exterminar a un enemigo común que las amenazaba, para la guerrilla, aunque cruento, el golpe sería favorable en términos del desarrollo de la guerra revolucionaria porque despejaría el panorama, trazando una clara delimitación entre dos campos: amigos y enemigos. El razonamiento compartía, como es obvio, la lógica binaria predominante en el Estado y la sociedad misma. Por ello, inmediatamente después del golpe del 24 de marzo, el PRT declaró: "El paso dado por los militares clausura definitivamente toda posibilidad electoral y democrática y da comienzo a un proceso de guerra civil abierta que significa un salto cualitativo en el desarrollo de nuestra lucha revolucionaria".[59] Sin embargo, menos de una semana después, en lugar del salto cualitativo esperado, habían perdido doce de sus cuadros más importantes, entre ellos, cuatro de la dirección nacional. Comenzaba la destrucción.

Se estima que en 1975, a pesar de haber perdido más de doscientos miembros activos, el ERP contaba con alrededor

---

57. Montoneros, *Evita Montonera*, enero de 1976, pp. 25-26.
58. Montoneros, *Evita Montonera*, octubre de 1975.
59. ERP, *El Combatiente*, 30 de marzo de 1976.

de seiscientos militantes, dos mil simpatizantes y, lo que es más importante, un área de influencia de veinte mil personas.[60] Sin embargo, para fines de 1976, a escasos nueve meses del golpe de Estado, apenas unos cincuenta militantes –la misma cantidad que había asistido a su Congreso fundacional– lograron salvar su vida exiliándose. Para mediados de 1977 el ERP, una de las organizaciones guerrilleras más numerosas de la Argentina, había desaparecido.

El proceso de las organizaciones peronistas, aunque tuvo algunas diferencias importantes, reconoce también coincidencias significativas con la trayectoria seguida por el ERP.

Las llamadas Organizaciones Armadas Peronistas (OAP) incluían distintos agrupamientos guerrilleros: Fuerzas Armadas Revolucionarias (FAR), Fuerzas Armadas Peronistas (FAP), Descamisados y Montoneros. Estas organizaciones culminaron su proceso de unificación en 1974, bajo el nombre de Montoneros, después de un largo esfuerzo de confluencia y fusión: a finales de 1972 se había producido la incorporación de Descamisados al grupo Montoneros; en octubre de 1973 se concretó la fusión con FAR y, por último, en junio de 1974, las históricas FAP se integraron también, formando una mega organización guerrillera.

Montoneros se formó en 1970 y su primera acción pública fue el secuestro del general Pedro Eugenio Aramburu, el 29 de mayo de ese mismo año, y su posterior asesinato. El general Aramburu, además de haber sido la figura más importante del golpe de 1955 contra Perón, fue responsable del secuestro de los restos de Eva Perón y del fusilamiento sin juicio previo de veintisiete peronistas involucrados en un intento de levantamiento contra la Revolución Libertadora.

En 1970, la aparición pública de Montoneros, que sólo contaba entonces con doce miembros, impactó por la violencia de la acción elegida, pero también por su clara, aunque poco elaborada, definición peronista. Uno de los comunicados en que la organización se hacía cargo del secuestro de-

---

60. María Seoane, *op. cit.*, p. 262.

cía: "Nuestra organización es una unión de hombres y mujeres *profundamente argentinos y peronistas,* dispuestos a pelear con las armas en la mano por la *toma del poder para Perón y para su pueblo* y la construcción de *una Argentina justa, libre y soberana*".[61] Compárese, en su pobreza conceptual, con las complejas resoluciones del Congreso fundacional del ERP.

Aun dentro del espectro de las organizaciones peronistas, estas declaraciones resultaban de una definición y, al mismo tiempo, de una vaguedad alarmante. Para esa misma época, las FAR, en una concepción claramente marxista pero identificándose políticamente con el peronismo, asumían una polémica pública con el ERP que resulta significativa por la diferente conceptualización del peronismo, no sólo con respecto al grupo trotskista sino, sobre todo, a Montoneros. Citamos aquí algunos párrafos ilustrativos:

El texto de las FAR rescataba "la validez de la experiencia histórica de la clase obrera argentina, el reconocimiento de que es en su ideología real, concreta, existente, en donde debe situarse el punto de partida para el desarrollo de la concepción revolucionaria nacional, y el convencimiento de que el peronismo es la forma política del movimiento de liberación nacional... Los peronistas podemos y debemos apropiarnos del marxismo, un instrumento de análisis científico de la sociedad... los 'marxistas a ultranza' no pueden hacer lo mismo. No pueden apropiarse de un desarrollo material, de la historia misma, pues está en total contradicción con sus desarrollos mentales... La izquierda argentina, a falta de un sentido autocrítico para medir con justeza la repercusión de sus políticas en las masas populares, agrega una particular habilidad para generar concepciones formales, vacías de todo contenido real... Así como rechazamos la idea del marxismo como una bandera política universal, abstracta, rechazamos la idea del peronismo como ideología... El peronismo ha sido y es un movimiento político... El movi-

---

61. Montoneros, "Cómo murió Aramburu", en *La Causa Peronista,* 3 de septiembre de 1974.

miento obrero nacional ha ignorado sistemáticamente la tan mentada 'ideología del proletariado' y a sus adherentes, y ha apoyado como un solo hombre al Movimiento Peronista, que lo expresaba en sus intereses reales, concretos, e históricamente acordes con su grado de desarrollo, dejando para la izquierda la defensa de sus 'verdaderos y universales intereses', tan abstractos como incomprensibles... el Movimiento Peronista ha generado en su seno a las Organizaciones Peronistas Revolucionarias, que encaran las tareas actuales de la liberación nacional con la vista puesta en el socialismo... Ahora bien, que el Peronismo Revolucionario, y junto a él amplios sectores, visualice con alguna claridad que hoy en día se impone el tránsito al socialismo no quiere decir de ninguna manera que semejante convencimiento exista a nivel de ideología entre el pueblo. Más bien ocurre todo lo contrario... Esencialmente policlasista, el Movimiento Peronista se define desde el comienzo por su carácter nacional-popular, antioligárquico y antiimperialista. Cuando decimos policlasista, decimos que en él participaron, siendo sus columnas fundamentales, la burguesía nacional, nacida al amparo de circunstancias y leyes favorables, y la clase trabajadora, surgida como consecuencia del desarrollo capitalista del país y de su burguesía autóctona... Vietnam, Laos, Camboya, Palestina, en ningún caso un movimiento de liberación nacional que cuente con el apoyo del pueblo ha tomado como punto de partida para sus concepciones estratégicas la posibilidad de una política marxista a nivel mundial... El marxismo bien conocido y utilizado es un arma poderosa, conocido a medias o desconocido sirve solamente para complicar las cosas en lugar de ayudar a comprenderlas mejor".[62]

Pero este era apenas el punto de vista de una de las Organizaciones Peronistas Revolucionarias que confluyeron en Montoneros, ya que, en verdad, ellas constituían un mosaico

---

62. Carlos Olmedo, "Fuerzas Armadas Revolucionarias. Aporte al proceso de confrontación de posiciones y polémica que abordamos con el ERP", en *Militancia* nº 4, 1971.

político e ideológico no muy homogéneo, que trataré de describir someramente.

Las FAR, aparecidas en julio de 1970 con el copamiento de Garín, provenían del guevarismo y de sectores disidentes de la izquierda tradicional; sus primeros grupos se habían formado para apoyar el proyecto guerrillero del Che en Bolivia, en 1966. Sin duda, fue el grupo guerrillero que hizo la elaboración teórica más profunda en torno a la relación entre un proyecto revolucionario de corte socialista y las características de un movimiento nacional como el peronismo, de lo cual es muestra el texto que acabamos de citar. Tenía, por lo tanto, una apreciación mucho más crítica y distante con respecto a las posibilidades de Perón para liderar un proyecto semejante. Según parece, sus aportaciones teóricas estuvieron directamente ligadas a la capacidad excepcional de uno de sus fundadores, Carlos Enrique Eduardo Olmedo, quien murió tempranamente en un enfrentamiento armado, el 3 de noviembre de 1971.[63]

Las FAP, originadas en la izquierda del peronismo, habían protagonizado en 1968 uno de los primeros intentos de guerrilla rural, en la provincia de Tucumán; sus militantes, que después de la fracasada experiencia en el monte asumieron la práctica de la guerrilla urbana, tenían importantes vinculaciones con el sindicalismo independiente y reivindicaban un peronismo que concebían afín con la revolución cubana. Su nacionalismo era claramente de izquierda, ligado a las concepciones de John William Cooke, y constituían, sin lugar a dudas, el grupo más vinculado a la tradición y práctica del movimiento peronista.

Descamisados fue una pequeña agrupación, fundada en 1968 pero cuya aparición pública ocurrió en 1970, que provenía del nacionalismo católico y de la juventud demócrata cristiana. En un país netamente católico como la Argentina, la influencia del Movimiento de Sacerdotes para el Tercer Mundo sobre los jóvenes fue muy importante como vía de

63. Entrevista con Martín Gras, Madrid, 1992.

acceso a los proyectos revolucionarios y armados. Recuérdese la importancia de la figura de Camilo Torres, el cura guerrillero, en estos grupos cristianos y la consigna "El deber de todo católico es el de ser revolucionario. El deber de todo revolucionario es hacer la revolución". Se podría afirmar que "el catolicismo radical condujo a muchos jóvenes hacia el Movimiento Peronista... muchos llegaron a él con sentimientos de culpabilidad por su anterior antiperonismo, y se integraron entonces en el Movimiento con un celo propio de pecadores arrepentidos".[64]

A su vez, buena parte de los integrantes del grupo original de Montoneros provenía también del cristianismo progresista, de grupos nacionalistas y de peronistas, e iniciaron su accionar con el ya mencionado secuestro del general Aramburu. No se puede soslayar que algunos de ellos, como Fernando Abal Medina y Carlos Gustavo Ramus, habían pertenecido a Tacuara, un grupo nacionalista, violento, de derecha, que admiraba al falangismo español, la acción directa, los uniformes y las ceremonias. Sin embargo, su adhesión al peronismo haría que, sin entrar en mayor contradicción con todos esos valores, colocaran el acento en un nacionalismo de corte popular antes que en el católico, elitista y oligárquico, al estilo de los grupos de la vieja derecha.

A pesar de estas diferencias de concepción, las organizaciones armadas peronistas desarrollaron prácticas semejantes, que consistieron en la realización de operativos armados para hacerse de recursos económicos y militares que les permitieran crecer, en primera instancia. Eran grupos pequeños, que se manejaban con estrictas medidas de seguridad para garantizar la clandestinidad de las organizaciones y de sus militantes. Hasta cierto punto, su fortaleza residía en su pequeñez, rasgo que, más tarde, se convertiría en su punto más débil.

El accionar militar de la guerrilla fue semejante tanto en las organizaciones peronistas como en las de izquierda. Consistía básicamente en la realización de operativos de

---

64. Richard Gillespie, *op. cit.*

"expropiación" de armas, dinero y documentación (asalto a bancos, camiones blindados, cuarteles, comisarías, registros civiles), acciones de propaganda armada y las llamadas operaciones de "justicia popular" (asesinatos de personas comprometidas con la represión, en especial la tortura y el fusilamiento de prisioneros).

Al mismo tiempo que los asaltos a bancos, cuarteles, secuestros y robos de coches o de documentación les permitían reunir el dinero, las armas y los bienes necesarios para su funcionamiento, las acciones más "políticas" se orientaban a ganar la simpatía de la población. Se podía tratar de repartos de alimentos en zonas marginales, actos de propaganda de su propuesta en medios populares, y especialmente fabriles, operativos de apoyo a algún conflicto social o sindical, y otros. La primera época del accionar guerrillero estuvo claramente marcada por un espíritu romántico-justiciero y una relación de cierta cercanía y solidaridad entre los diferentes grupos armados, independientemente de su postura política o su importancia relativa. Pero, sin duda, la coincidencia más significativa se dio entre las llamadas Organizaciones Armadas Peronistas (OAP), y fue también la más relevante en términos políticos, en especial entre los años 1972 y 1976, por el hecho de identificarse en su conjunto como parte activa del Movimiento Peronista. Esto las ligó en su práctica y en su concepción con posturas populistas que, por su reivindicación de lo masivo y del contacto con la base popular, contrapesó, por lo menos durante ciertos períodos, el componente foquista y militar. En este proceso, el hecho de ser reconocidas por Perón como "formaciones especiales" del movimiento les significó una inclusión "oficial" en el peronismo que les permitió, a muchos de ellos, realizar por primera vez una práctica política arraigada en sectores populares, a la que buena parte de los militantes armados era totalmente ajena.

En este sentido, cabe señalar una diferencia importante en la composición y práctica política de las FAP, históricamente ligadas al peronismo, con una experiencia política de base y sindical previas, aunque de carácter ciertamente marginal. No obstante, la guerrilla tendía a considerar que los espacios políticos que ocupaba eran producto de su accionar armado. "El poder político nace de la boca de los fusiles", declaraba en junio de 1972 Rodolfo Galimberti, dirigente de la Juventud Peronista. Quizá nunca como entonces había sido tan cierta la afirmación de Galimberti. En efecto, el poder político del radicalismo, del desarrollismo, de las Fuerzas Armadas en el país, había brotado desde muchos años atrás de la boca de los fusiles. También era cierto que el lugar que se había abierto la Juventud dentro del movimiento emanaba de su práctica armada, tan útil entonces para la desarticulación del proyecto de la Revolución Argentina. Pero la reducción de lo político a la dimensión exclusivamente militar, la asimilación de uno y otro, que se operó en vastos sectores más allá de la guerrilla, llevaría a la aceleración cada vez mayor de la violencia.

Los grupos armados peronistas, a diferencia del trotskismo, se lanzaron a la coyuntura electoral con toda su energía y, en particular en el caso de Montoneros, con una confianza verdaderamente inexplicable en el general Perón. Mario Eduardo Firmenich, cuyas declaraciones es cierto que no se caracterizaron nunca por la perspicacia política, sostenía en 1973 que no existía "ninguna diferencia entre la Patria Peronista y la Patria Socialista, puesto que el Movimiento Peronista dirigido por el general Perón sirve a los intereses de los trabajadores y, precisamente por esta razón, se plantea la construcción del socialismo nacional".[65]

Después de muchos años de una práctica aislada, fue en el contacto con los grupos de base estudiantiles, profesionales, territoriales y, en menor medida, sindicales donde los militantes de las OAP saborearon otras dimensiones de la política, más "nutritivas" que las que habían conocido hasta entonces, con la exclusiva práctica de una guerrilla siempre

---

65. Mario Firmenich, "Construir el poder popular", en *El Descamisado*, nº 4, p. 3.

amenazada de convertirse en "una patrulla perdida en el espacio", según la imagen del Che.

Su papel en la campaña electoral de 1973, en apoyo a la candidatura del doctor Cámpora, fue decisivo. Ocupando un lugar virtualmente vacío en ese momento dentro del peronismo, la estructura de la Juventud Peronista, los grupos armados se lanzaron a la organización y movilización de importantes sectores populares a los que hasta entonces no habían tenido acceso, y comenzaron a crecer. Su participación, apasionada y sorprendentemente numerosa, en las gigantescas manifestaciones de la campaña electoral, "con su colorido, sus cantos, su redoble de tambores, su exuberancia, su sentido de la fuerza y de la solidaridad y su extrema arrogancia",[66] selló una pertenencia real, ya no meramente enunciada, a ese peronismo contradictorio que irían conociendo con un desconcierto creciente.

Supusieron, con esa mezcla de inocencia y soberbia que tan bien describe Juan Gasparini en su libro *Montoneros, final de cuentas*, que la apertura electoral era producto casi directo de su lucha y que, por lo tanto, en alguna medida les pertenecía.

Reclamaron y obtuvieron de Perón puestos dentro del nuevo gobierno. Pero así como las OAP no tenían la capacidad para cubrir muchos de los cargos ni para formular un proyecto económico y político capaz de superar una crisis bastante profunda, tampoco el gobierno peronista tenía la intención de incrementar el espacio de por sí demasiado vasto que ocupaba para entonces la Juventud Peronista.

El espacio de legalidad que se abrió con los gobiernos de Cámpora y Perón fue aprovechado por las organizaciones para crecer en su frente de masas y conformar lo que se dio en llamar la Tendencia Revolucionaria. La Tendencia estaba formada por el conjunto de agrupaciones (juvenil, femenina, sindical, universitaria, de estudiantes secundarios, de villas de emergencia) que respondían políticamente a las OAP, las

---

66. Richard Gillespie, *op. cit.*, p. 174.

que culminaron su proceso de unificación en ese mismo año con la unión de las dos organizaciones más importantes: FAR y Montoneros.

"Los Montoneros movilizaron impresionantes multitudes a través de tales organizaciones [las que constituían la Tendencia] en las concentraciones y manifestaciones de 1973-1974, así como en las actividades relacionadas con la campaña electoral de septiembre de 1973. En más de media docena de ocasiones, consiguieron reunir de 50 mil a 150 mil personas, e incluso sobrepasaron dichas cifras cuando el definitivo regreso de Perón al país, el 20 de junio de 1973: si bien las estimaciones del número de argentinos que fueron a recibirlo al aeropuerto de Ezeiza oscilaron entre un millón y medio y cuatro millones, se sabe de cierto que la Tendencia, por sí sola, había movilizado a la mitad."[67]

Junto a la capacidad de movilización, le dieron prioridad a la actividad de propaganda y difusión de la línea política, alcanzando una cobertura bastante significativa. El diario *Noticias*, manejado por la Tendencia, alcanzó una venta regular de 150 mil ejemplares, y los semanarios *El Descamisado* y *La Causa Peronista* llegaron a tener una tirada superior a los 100 mil ejemplares.

Casi inmediatamente luego de la obtención del gobierno, comenzaron los enfrentamientos con la derecha del peronismo, y con el propio Perón. Montoneros, salvo una pequeña fracción disidente que optó por la obediencia al general, no podía aceptar la distancia entre el Perón pragmático que asumió el gobierno y la imagen del "líder revolucionario" construida durante el exilio. Pero, sobre todo, tenía la certeza de que nadie podría imponerle al pueblo, "después de 18 años de lucha", un proyecto que consideraba impopular. Así pues, confiaba en la capacidad del movimiento para lograr una rectificación de la política "tibia" emprendida por el gobierno.

Se lanzaron, pues, al enfrentamiento directo, que culminó en la manifestación del 1º de mayo de 1974. Probable-

---

67. Richard Gillespie, *op cit.*, p. 170.

mente ese fue el desafío más grande que vivió Perón como líder del movimiento. Un desafío público, a los gritos, con burlas hacia Isabel Martínez, con insultos hacia la burocracia sindical, con un reclamo inacallable: "¿Qué pasa, general?". La respuesta de Perón fue igualmente definitiva: la desautorización y acusación pública de esos "infiltrados que trabajan adentro y que traidoramente son más peligrosos que los que trabajan de afuera, sin contar que la mayoría de ellos son mercenarios que trabajan al servicio de dinero extranjero".[68]

Apenas dos meses después de esta pública ruptura de lanzas, que descolocó oficialmente a la Tendencia en relación con el Movimiento Peronista, el 1º de julio de 1974, moría Perón. Dejaba el gobierno en manos de su mujer, Isabel Martínez de Perón, y del ministro López Rega, ambos enemigos abiertos de la izquierda. Un poco más de cautela, un simple cálculo biológico, pudieron haber evitado una coyuntura que, si no definitiva, colocó a los grupos armados en una posición mucho más desventajosa en su lucha con la derecha del movimiento.

A partir de ese momento, el recrudecimiento de la represión y la acción de los grupos parapoliciales obligaron a Montoneros a ir abandonando el espacio político, ya de por sí bastante estrecho. No supo o no pudo realizar alianzas políticas con otros sectores del peronismo, priorizando cada vez más el accionar armado y clandestino. De hecho, el 3 de septiembre de 1974 se autoclandestinizó, proclamando que la lucha armada volvía a ser la práctica política principal. Con esta decisión condenó a muerte a sus organizaciones de base territoriales, sindicales, estudiantiles, que aunque siguieron intentando una batalla cada vez más desigual dentro del movimiento peronista, estaban indisolublemente asociadas a Montoneros. Además, su decisión sirvió de pretexto a la derecha del peronismo para revertir los logros democráticos y participativos de 1973 dentro del movimiento.

La organización Montoneros se lanzó entonces a una demostración de fuerza militar, con la ilusión de recuperar a

---

68. Juan Domingo Perón, *La Nación*, 2 de mayo de 1974.

través de ella el espacio político perdido. Esta decisión delataba la supervivencia de sus concepciones foquistas, ahora levemente transmutadas en el objetivo de formar un ejército con veleidades de regular. Entre los militantes, Clausewitz pasó a ser una lectura prácticamente obligatoria para definir no sólo lo militar sino también lo político, esferas que se fueron superponiendo e indiferenciando cada vez más.

Así, en 1975 Montoneros realizó alrededor de quinientos operativos militares, que incluyeron actos de propaganda armada, asesinatos de enemigos políticos, de miembros del aparato de seguridad –en particular policías–, y ataques contra las Fuerzas Armadas.[69] Estas acciones, como las del ERP, lejos de crear contradicciones en las fuerzas de seguridad, las unificaron en torno a la necesidad de aniquilar a los grupos guerrilleros. Incluso la policía, que pudo haber sido una fuerza menos involucrada en la lucha antisubversiva, al convertirse en un blanco privilegiado de la guerrilla –sufrió setenta y cinco bajas en el lapso de un año–, se cohesionó con las posturas más agresivas de las Fuerzas Armadas.

La conducción de Montoneros supo, como todo el país, que se avecinaba el golpe de Estado de 1976, pero además tuvo, por vía de sus informantes, detalles y precisiones sobre el proyecto de los militares. Sin embargo, no le dio mayor relevancia a esta información y continuó con su política operativa que tendía a unificar cada vez más a las Fuerzas Armadas en torno a un proyecto represivo sin precedentes. "A fin de octubre de 1975, cuando todavía estaba el gobierno de Isabel Perón, ya sabíamos que se daría el golpe dentro del año. No hicimos nada por impedirlo [sic] porque, en suma, también el golpe formaba parte de la lucha interna en el Movimiento Peronista. Hicimos en cambio nuestros cálculos, cálculos de guerra, y nos preparamos a soportar, en el primer año, un número de pérdidas humanas no inferior a mil quinientas bajas", afirmaba con tono de frío y estúpido estratega Mario Eduardo Firmenich.[70]

69. Richard Gillespie, *op. cit.*, p. 240.
70. Mario Eduardo Firmenich, *L'Expresso*, 9 de julio de 1977.

A partir del golpe, Montoneros llevó el accionar militar hasta el más alto grado de que era capaz. No hubo un momento de reflexión, de replanteo, de cuestionamiento. Durante 1976, a pesar de las condiciones excepcionalmente adversas en términos de seguridad y control, realizó cuatrocientas operaciones militares de diversa envergadura.

Entre el 11 de marzo y el 10 de mayo, es decir justamente durante los días previos e inmediatamente posteriores al golpe, cuando las calles estaban repletas de efectivos policiales y militares, lanzó una campaña militar por la que realizó, sólo en Buenos Aires, 87 "ajusticiamientos", y "recuperó" 37 armas cortas y 64 armas largas.[71]

Un año después, en 1977, efectuó seiscientas operaciones,[72] lo que representa un promedio de más de 1,5 operativos diarios. Con la misma velocidad de sus acciones armadas, los militantes morían o bien desaparecían, se esfumaban en los vericuetos de los numerosos campos de concentración.

No obstante las bajas que habían tenido hasta entonces, estimadas en cuatro mil quinientas para agosto de 1978,[73] los dirigentes montoneros decidieron lanzar una contraofensiva militar en 1979. En realidad, esperaban dirigir, por este medio, un estallido insurreccional que habían vaticinado y que nunca se dio. "Abrieron fuego graneado, reaparecieron en los titulares, pero les abatieron unos seiscientos cuadros, el último aliento que les quedaba como fuerza organizada."[74]

---

71. Montoneros, "Resumen de campaña", en *Evita Montonera*, abril-mayo 1976, p. 21.
72. Richard Gillespie, *op. cit.*, pp. 287-289.
73. *Ibidem*, p. 290.
74. Juan Gasparini, *op. cit.*, p. 179.

Política y violencia

¿Cómo se llegó a estos niveles de violencia? En todo el mundo, y durante décadas, la izquierda asociada a los partidos comunistas había afirmado que, en los procesos revolucionarios, las condiciones subjetivas, o de conciencia, se derivaban de las condiciones objetivas, o materiales.

En los años 60, a partir de la Revolución Cubana y la Guerra de Vietnam, algunos círculos de la izquierda comenzaron a cuestionar la infalibilidad de este enunciado, y propusieron la idea de que la lucha revolucionaria misma podía generar conciencia *per se*, sin necesidad de aguardar a que las condiciones objetivas, materiales, económicas, "maduraran", o más bien, que podía acelerar ese proceso de maduración. Esto permitiría, a una generación impaciente por producir los cambios sociales que consideraba necesarios en el Tercer Mundo, acelerar las llamadas "condiciones revolucionarias" para acabar con la injusticia social. Así nació la teoría del foco.

El foquismo cobró gran importancia, sobre todo para los movimientos de liberación de los países tercermundistas. Estos concebían la lucha antiimperialista como condición de posibilidad para realizar una revolución social en países dependientes como los de América Latina, en los que el desarrollo de las fuerzas productivas, y por lo tanto de las "condiciones objetivas", era muy escaso para considerar un tránsito al socialismo por las vías que vislumbraba la izquierda tradicional.

Así proliferaron diversos movimientos armados latinoamericanos, palestinos, asiáticos. Incluso en algunos países centrales, como Alemania, Italia y Estados Unidos, se produjeron movimientos emparentados con esta concepción de la política, que ponía el acento en la creación de condiciones revolucionarias mediante la aceleración de los conflictos y la acción directa.

No se trató de un fenómeno marginal, sino que el foquismo y, en términos más generales, el uso de la violencia pasaron a ser casi condición *sine qua non* de los movimientos radicales de la época. Dentro del espectro de los círculos revolucionarios, casi exclusivamente las izquierdas estalinistas y ortodoxas se sustrajeron a la influencia de la lucha armada. Piénsese, por ejemplo, que el PRT argentino, mientras sostenía el accionar del ERP como su brazo armado, era miembro oficial de la Cuarta Internacional, cuya trayectoria, si bien radical, no había sido nunca violenta.

La guerrilla argentina formó parte de este proceso, por fuera del cual sería incomprensible; muchos de sus militantes se entrenaron militarmente en países del bloque socialista, y desarrollaron estrechas relaciones con el MIR chileno, los Tupamaros uruguayos, el M 19 colombiano, la Organización de Liberación Palestina, el Frente Sandinista y otras organizaciones semejantes.

La concepción foquista adoptada por las organizaciones armadas, al suponer que del accionar militar nacería la conciencia necesaria para desatar la revolución social, las llevaba a dar prioridad a lo militar sobre lo político. Esta preeminencia contribuyó, con manifestaciones diferentes pero bajo un mismo signo, a desarrollar una práctica y una concepción militarista y autoritaria en el seno de las organizaciones. Su expresión más clara consistía en considerar básicamente la política como una cuestión de fuerza y de confrontación entre dos campos: amigos y enemigos.

Dicha concepción se asentó sobre un sólido basamento preexistente que no ofrecía contradicciones, sino que, por el contrario, sustentaba el sentido autoritario de lo político. Me refiero a la formación política de esta generación y a la historia misma del país desde principios de siglo.

Los primeros grupos políticos con los que se relacionaron los jóvenes, casi adolescentes, de fines de los años 60, ya fueran de derecha o de izquierda, reivindicaban para sí prácticas autoritarias. El grupo nacionalista Tacuara o la Federación Juvenil Comunista, organismos por los que pasó buena parte de los "fundadores" de la guerrilla, ostentaron, cada uno a su manera, los más claros rasgos del autoritarismo y de las concepciones binarias de nuestro siglo: en un caso el antisemitismo; en otro, el estalinismo. Ambos habían engendrado en Europa procesos que comprendían el campo de concentración como modalidad represiva central. Estas ideologías fueron el marco de referencia inicial de esa generación, que intentó rebasarlas con un éxito relativo. Casi indistintamente, militantes peronistas y trotskistas habían pasado por uno u otro grupo en sus primeros años de práctica política; peronistas provenientes de la Federación Juvenil Comunista, trotskistas salidos de Tacuara o de la Alianza Libertadora Nacionalista fueron algunos de los extraños fenómenos que dieron origen a las "formaciones especiales".

La idea de considerar a la política básicamente como una cuestión de fuerza, aunque reforzada por el foquismo, no era una "novedad" aportada por la joven generación de guerrilleros, ya fueran de origen peronista o guevarista, sino que había formado parte de la vida política argentina por lo menos desde 1930.

Como se señaló en el apartado anterior, los sucesivos golpes militares, entre ellos el de 1955, con fusilamiento de civiles y bombardeo sobre una concentración política en Plaza de Mayo; la proscripción del peronismo, entre 1955 y 1973, mayoría compuesta por los sectores más desposeídos de la población; la cancelación de la democracia efectuada por la Revolución Argentina de 1966, cuya política represiva desencadenó levantamientos de tipo insurreccional en las principales ciudades del país (Córdoba, Tucumán, Rosario y Mendoza, entre 1969 y 1972), fueron algunos de los hechos violentos del contexto político netamente impositivo en el que había crecido esta generación.

Por eso, la guerrilla consideraba que respondía a una violencia ya instalada de antemano en la sociedad: los Montoneros afirmaban "responder con la lucha armada a la lucha armada que [la Revolución Argentina] ejercía desde el Estado",[75] y casi simétricamente, el ERP aseveraba que "... cerradas todas las posibilidades legales con la asunción de Onganía, [el PRT] se orienta correctamente hacia la guerra revolucionaria".[76]

Esta lógica tampoco fue privativa de la guerrilla. Al inicio de la década de los 70 –como ya se señaló–, muchas voces, incluidas las de políticos, intelectuales, artistas, se levantaban dentro y fuera de la Argentina, en reivindicación de la violencia. Entre ellas tenía especial ascendencia, en ciertos sectores de la juventud, la de Juan Domingo Perón, quien, aunque apenas unos años después llamaría a los guerrilleros "mercenarios", "agentes del caos" e "inadaptados", en 1970 no vacilaba en afirmar: "La dictadura que azota a la patria no ha de ceder en su violencia sino ante otra violencia mayor".[77] "La subversión debe progresar."[78] "Lo que está entronizado es la violencia. Y sólo puede destruirse por otra violencia. Una vez que se ha empezado a caminar por ese camino no se puede retroceder un paso. La revolución tendrá que ser violenta."[79] El líder reconocido y admirado aprobaba calurosamente el uso de las armas en ese momento, ya que eran favorables para su proyecto de retorno al país.

75. "La unidad de FAR y Montoneros", en *El Descamisado*, nº 22, p. 7.

76. PRT, "Introducción a las resoluciones del V Congreso del PRT", en *El Combatiente*, Buenos Aires, 1973.

77. Juan Domingo Perón, carta a José Hernández Arregui, 5 de noviembre de 1970, en Juan Gasparini, *op. cit.*, p. 39.

78. Juan Domingo Perón, carta a las FAP, 12 de febrero de 1970, en Juan Gasparini, *op. cit.*, p. 39.

79. Juan Domingo Perón, *Marcha*, 27 de febrero de 1970.

Por otra parte, la práctica inicial de la guerrilla y la respuesta que obtuvo de vastos sectores de la sociedad afianzó la confianza en la lucha armada para abordar los conflictos políticos. Jóvenes, que en su mayoría oscilaban entre los dieciocho y veinticinco años, lograron concentrar la atención del país con asaltos a bancos, secuestros, asesinatos, bombas y toda la gama de acciones armadas. "Sí, sí, señores, soy terrorista...", cantaban en 1973 las columnas de la Juventud Peronista, que congregaban decenas de miles de jóvenes que, en realidad, nunca fueron terroristas, si acaso, apenas militantes armados.

Durante los primeros años de actividad, entre 1970 y 1974, la guerrilla había seleccionado de manera muy política los blancos del accionar armado, pero a medida que la práctica militar se intensificó, el valor efectista de la violencia multiplicó engañosamente su peso político real; la lucha armada pasó a ser la máxima expresión de la política primero, y la política misma más tarde. Al respecto, es ilustrativa la siguiente anécdota: cuando se le preguntó a Mario Eduardo Firmenich, dirigente nacional de Montoneros, en enero de 1974, qué podía ofrecer su organización en una eventual negociación con los líderes sindicales, respondió que podía no matar a Lorenzo Miguel, el mayor representante de la burocracia peronista de la época, quien, a su vez, hacía gala de una violencia semejante.

La influencia del peronismo en las Organizaciones Armadas Peronistas, y su práctica de base creciente entre los años 1972 y 1974, había llevado a una concepción necesariamente mestiza entre el foquismo y el populismo, más rica y compleja que la versión guevarista inicial. Pero esta apertura se fue desvirtuando y empobreciendo a medida que crecía el distanciamiento de Montoneros del movimiento peronista y, con él, su aislamiento político general. En cambio, el ERP estuvo siempre más cerca de un foquismo "clásico" que desconfiaba de toda lucha electoral y legal e incluía como parte esencial de su propuesta la formación de un ejército cuyo eje sería un foco de guerrilla rural; tal vez por ello su práctica política se restringió más aún y su seccionamiento de la realidad nacional, con el posterior aniquilamiento, fue más acelerado. No obstante, hay que señalar en su beneficio que tuvieron una visión política tal vez más rígida, pero mucho menos ingenua en la apreciación de las contradicciones internas del peronismo y, sobre todo, en la desconfianza hacia las intenciones "revolucionarias" de Perón.

Como ya se señaló, los jóvenes radicalizados de la década de los 70 habían aprendido el valor político de la violencia en una sociedad que se valía de ella desde muchos años antes, y militarizaron su práctica revolucionaria al influjo de las teorías foquistas del Che, crema y nata de los círculos revolucionarios de los años 60 y 70. Fueron, en consecuencia, un fiel producto de su sociedad y de las polémicas políticas de la época. No se los puede considerar como un "brote" de locura repentino, sino que constituyeron un fenómeno consistente con su momento y con su país, del que tomaron algunos de sus rasgos más brillantes y más nefastos.

Atrapados

El proceso de militarización creciente de las organizaciones, y la consecuente desvinculación de la lucha de masas, tuvo dos vertientes principales, estrechamente vinculadas entre sí: 1) por una parte, el intento de construir, como actividad prioritaria, un ejército popular que reuniera las mismas características del ejército regular, para poder enfrentarlo exitosamente; 2) por la otra, la escalada represiva que las fue obligando a abandonar un trabajo de base, particularmente significativo en el caso de Montoneros, por su enorme ampliación entre 1972 y 1974. Por esta razón, dada la extensión que había tenido su área de resonancia política en los años inmediatamente anteriores, el caso de Montoneros es particularmente ilustrativo para observar el deslizamiento de lo político a lo militar que, aunque con características específicas en cada caso, fue el común denominador de los grupos armados de la época.

1) La idea de construcción de un ejército popular se inició hacia fines de 1974, con la autoclandestinización de Montoneros y de las agrupaciones nucleadas en la Tendencia Revolucionaria,[80] producida inmediatamente después de la ruptura con Perón y en pleno avance represivo de la derecha. Finalizado el idilio con el movimiento y, con él, la ilusión de acceder al gobierno por vías no violentas, la estructura de

---

80. Cabe recordar que el ERP había pasado a la clandestinidad un año antes, el 24 de septiembre de 1973, y que preparaba para entonces la Compañía de Monte, que operó en la provincia de Tucumán desde 1975.

la organización, que hasta entonces se había definido como político-militar, comenzó a especializarse. De los alrededor de cinco mil militantes, "encuadrados" formalmente, se diferenciaron dos niveles: milicianos y combatientes. Todos los miembros plenos de la organización pertenecían a esta segunda categoría, es decir que su práctica comprendía la participación en la actividad militar. Los milicianos, en cambio, desempeñaban tareas de índole política, aunque estas también tendieron a ir militarizándose gradualmente.

A lo largo de 1975 se lanzó la formación del Ejército Montonero, con tropas de combate organizadas en pelotones y un servicio de inteligencia que llegó a ser bastante eficiente. Otros servicios, como la fabricación de documentación falsa y de cierto tipo de armamento (explosivos, granadas de fragmentación y lanzagranadas), daban cuenta de la capacidad técnica y económica, nada desdeñable, que había alcanzado la organización. Todo ello propició que la confianza política se desplazara hacia la confianza en la potencia militar.

La intención de crear un ejército regular llegó a sus expresiones más formales y exageradas, visibles en la gran importancia que se les comenzó a asignar a los rangos, los uniformes, los saludos y toda la "etiqueta" y, sobre todo, la disciplina militar, a lo largo de esos años. El 15 de marzo de 1978, a pesar de estar enfrentando su virtual destrucción por la acción represiva, la resolución 001/78 de la conducción nacional de Montoneros se preocupaba por implantar el uso de uniforme obligatorio para el Ejército y las Milicias Montoneras. En la misma se abundaba en la correcta colocación de las insignias correspondientes, en las prendas del uniforme, sus variaciones por camuflaje, el correaje y otras precisiones semejantes; lo superfluo ocupaba el lugar de lo importante, colocándose en primer plano. La misma resolución indicaba que "... la adopción y utilización de uniforme para el Ejército y las Milicias Montoneras es un derecho ganado legítimamente a través de largos años de lucha heroica y consecuente".[81] La sola reivindicación del uso del uniforme como derecho revela el retroceso de la revuelta y la desobediencia, aprisionada por el disciplinamiento más ramplón.

Por su parte, el ERP hacía gala de un militarismo semejante, en particular en la llamada Compañía de Monte, en Tucumán. "La estratégica importancia de las unidades rurales radica en que el auxilio de la geografía hace posible construir velozmente poderosas unidades bien armadas y entrenadas, capacitadas para golpear duramente al enemigo... y hacer posible la construcción de bases de apoyo como sostén de un poderoso Ejército Revolucionario de carácter regular, en condiciones de sostener victoriosamente con sus armas la insurrección general del pueblo argentino que llevará al triunfo de la revolución nacional y social en nuestra patria."[82] La geografía, las poderosas unidades, el ejército regular, las armas y no la política "sostienen" la revolución.

El proceso de militarización creciente, a la vez que aisló a las organizaciones de su entorno, propició su debilitamiento interno, al reforzar los lazos de autoridad en detrimento de los vínculos de compañerismo que históricamente habían ligado a la militancia. Esto se acompañó con un conjunto de fenómenos colaterales pero no menos importantes, como la falta de participación de los militantes en las decisiones y en la definición de la línea política, que recayó de manera creciente en conducciones vitalicias, inamovibles y burocráticas. Consecuentemente, la promoción de los cuadros se centró en sus aptitudes bélicas y disciplinarias y cundió un desinterés por el militante en tanto individuo, cierta despersonalización propia de las instituciones militares. Estos fenómenos, que se registraron también en otras guerrillas latinoamericanas, debilitaron desde dentro a las organizaciones armadas, de manera que la descomposición interna

---

81. Montoneros, "Conducción Nacional", en Juan Gasparini, *op. cit.*, p. 258.

82. ERP, *El Combatiente*, 5 de junio de 1974.

estaba bastante avanzada en el momento del golpe militar de 1976. La guerrilla había comenzado a reproducir en su seno las formas y las técnicas del poder establecido, antes que generar su cuestionamiento y desarrollar variantes alternativas de práctica y participación política.

Las armas son potencialmente "enloquecedoras": permiten matar y, por lo tanto, crean la ilusión de control sobre la vida y la muerte. Como es obvio, no tienen por sí mismas signo político alguno, pero puestas en manos de gente muy joven que además, en su mayoría, carecía de una experiencia política consistente, terminaron por convertirse en una muralla de arrogancia que encubría, en alguna medida, cierta ingenuidad política. Frente a un Ejército constituido, los guerrilleros ya no se planteaban, como en un principio, ser francotiradores, debilitar, fraccionar y abrir brechas en él; ahora querían construir otro de semejante o mayor potencia, igualmente homogéneo y estructurado. Poder contra poder, ambos con pretensión de únicos. Su soberbia era, en algún sentido, semejante a la que se ejercía desde el poder, a pesar de sí mismos. Habían nacido como forma de resistencia y hostigamiento contra la estructura monolítica militar, pero ahora aspiraban a parecerse a ella y disputarle su lugar. El poder centralizador, siempre armado, unitario y represor, al reconocer el desafío extraordinario que pretendía usurpar su monopolio en el uso de la fuerza institucional, respondió con toda su potencialidad de violencia.

2) La represión que se desató contra las organizaciones sociales y políticas de izquierda en general, y contra las organizaciones armadas en particular, después de la breve "primavera democrática", partió, en primer lugar, de la derecha del movimiento peronista, ligada con importantes sectores de las Fuerzas Armadas. Como se señaló más arriba, ya el 20 de junio de 1973, en oportunidad de la llegada de Perón al país, estos grupos dispararon sobre las columnas de la Juventud, ocasionando al menos veinticinco muertos y más de cuatrocientos heridos.

En octubre de ese mismo año, comenzó el accionar público de la Alianza Anticomunista Argentina o Triple A (AAA), en un atentado contra el senador radical Hipólito Solari Yrigoyen. Desde un principio se sospechó que la AAA estaba constituida por parte de los elementos que ya habían actuado en Ezeiza y también por miembros de las fuerzas de seguridad. "... El terror blanco, fascista, lo promocionan los grupos parapoliciales y las Fuerzas Armadas. La Triple A son las tres armas", aseguraba certeramente el ERP.[83]

Luego se demostró que, efectivamente, la organización terrorista estaba dirigida por el ministro de Bienestar Social, José López Rega, claramente protegida por el gobierno y vinculada con los organismos de seguridad. En su carácter de grupo paramilitar, se dedicó al asesinato de toda militancia de izquierda que tuviera una actividad política pública, aunque no estuviera directamente vinculada con las organizaciones guerrilleras. Gran número de dirigentes y activistas de las agrupaciones que conformaban la Tendencia y de otras correspondientes a la izquierda tradicional fueron asesinados y dinamitados sus locales de reunión.

A partir de la muerte de Perón, y dado el conflicto que implicaba la "sucesión política" en el movimiento peronista, su accionar se aceleró. Entre julio y agosto de 1974 se contabilizó un asesinato de la AAA cada 19 horas.[84] Para septiembre de 1974 habían muerto, en atentados de esa organización, alrededor de 200 personas. "El método de la AAA no tardó en volver rutinaria la tremenda historia del militante popular arrebatado de su casa por un grupo de hombres que muestra credencial oficial y se mueve en coches de último modelo, y que aparece luego en los baldíos de Lugano o en las piletas de Ezeiza, las manos atadas a la espalda, los ojos vendados y el cuerpo atravesado por treinta, cincuenta y hasta cien disparos... A partir de diciembre último la AAA encontró una variante perversa... que masifica las ejecucio-

---

83. ERP, *El Combatiente*, 30 de enero de 1974.
84. Andrew Graham Yooll, en María Seaone, *op. cit.*, p. 242.

nes haciendo volar con explosivos los cuerpos de tres y hasta cinco personas."[85] *Prenuncios* de lo que vendría.

Por su parte, durante 1974 y 1975, la guerrilla multiplicó las acciones armadas, entre las que figuraron algunos asesinatos de represalia. Uno de los más significativos fue la explosión que quitó la vida a Alberto Villar, jefe de la Policía Federal, ligado a la AAA, en noviembre de 1974. Se desató, desde entonces, una verdadera escalada de violencia entre la derecha y la izquierda, que hacía aparecer el conflicto político como una "batalla tecnológica entre especialistas en violencia clandestina, con las masas como espectadores situados alrededor de la palestra donde luchaban los profesionales".[86] Sin embargo, detrás de los tiros, la lucha era sin duda política, aunque esa dimensión se desdibujara bajo el estruendo de los disparos. Se disputaban proyectos diferentes y, en ese contexto, la conducción del peronismo como movimiento mayoritario. Aquel que triunfara en el enfrentamiento violento alcanzaría la legitimidad y la legalidad necesarias para determinar cuál sería el modelo político y económico imperante y quiénes quedarían incluidos o excluidos de él, para asegurar la estabilidad necesaria.

La violencia de la derecha cobró más víctimas (dos mil para marzo de 1976) y fue más indiscriminada. El Comando Libertadores de América, parte de cuyo personal pasaría a integrar poco después el campo de concentración de La Perla, cometió múltiples asesinatos de militantes y no militantes. En una oportunidad "irrumpió en un mitin estudiantil, se llevó a cinco bolivianos, tres argentinos y un peruano y los condujo a un lugar aislado de las afueras de Córdoba, donde, atados de pies y manos y con los ojos vendados, fueron fusilados".[87]

---

85. Montoneros, *Evita Montonera*, abril de 1975.
86. Regis Debray, "La crítica de las armas", en Richard Gillespie, *op. cit.*, p. 249.
87. Richard Gillespie, *op. cit.*, p. 229.

La AAA fue el embrión de lo que poco después sería el terrorismo de Estado y la "comunidad" represiva del Plan Cóndor. Inauguró la práctica de la "desaparición" de personas, el secuestro de militantes latinoamericanos que eran trasladados ilegalmente a sus países y entregados a las fuerzas represivas, y realizó asesinatos masivos de familias de guerrilleros conocidos; tales fueron los casos de los padres de Fernando Vaca Narvaja, Clarisa Lea Place y Carlos Capuano Martínez, entre otros. Es importante señalar que la metodología de estos grupos era semejante a la que a partir de 1976 emplearon los Grupos de Tareas de las Fuerzas Armadas; también es significativo que aun desde entonces se propusieran, explícitamente, intimidar a la población. La noción de crear y diseminar el terror ya estaba presente.

El golpe de 1976 implicó no sólo la represión masificada de la guerrilla, con una violencia inédita, sino también la de cualquier tipo de oposición. Quedó cancelada la participación política, y toda acción vinculada a la llamada subversión, concepto muy laxo que incluía cualquier oposición abierta, se sancionó con la pena de muerte. Cuando se produjo el golpe, al desgaste interno de las organizaciones y a su aislamiento, se sumaban las bajas producidas por la represión paramilitar que habían mermado su fuerza; sin embargo, tanto ERP como Montoneros se consideraban a sí mismas indestructibles y concebían el triunfo final como parte de un destino histórico.

A partir del 24 de marzo de 1976, la política de desapariciones de la AAA tomó el carácter de modalidad represiva estatal, abriendo una nueva época en la lucha contrainsurgente. En pocos meses, las Fuerzas Armadas destruyeron casi totalmente al ERP y a las regionales de Montoneros que operaban en Tucumán y Córdoba. Los promedios de violencia de ese año indicaban un asesinato político cada cinco horas, una bomba cada tres y quince secuestros por día, en el último trimestre del año.[88] La inmensa mayoría de las bajas correspondía a los grupos militantes; sólo Montoneros per-

---

88. Juan Gasparini, *op. cit.*, p. 98.

dió, en el lapso de un año, dos mil activistas, mientras que el ERP desapareció. Además, existían en el país entre cinco y seis mil presos políticos, de acuerdo con los informes de Amnistía Internacional.

Roberto Santucho, el máximo dirigente del ERP, lo comprendió demasiado tarde. En julio de 1976, pocos días antes de su muerte y de la virtual desaparición de su organización, habría afirmado: "Nos equivocamos en la política, y en subestimar la capacidad de las Fuerzas Armadas al momento del golpe. Nuestro principal error fue no haber previsto el reflujo del movimiento de masas, y no habernos replegado. Por lo tanto debemos desmilitarizar la política, replegar al Partido en los centros obreros y disolver la Compañía de Monte hasta que un nuevo auge del movimiento popular, aproximadamente dentro de un año, o un año y medio, nos permita relanzarla".[89] La autocrítica era certera pero demasiado tardía e incluso optimista; el nuevo auge del movimiento popular aún no se produjo, pero queda en beneficio de Santucho y sus compañeros el haber comprendido que el camino emprendido por la guerrilla era el inverso al que podía conducir al éxito o a la preservación de las fuerzas con que había contado.

La conducción montonera, en lugar de aceptar que las condiciones represivas se habían modificado y que, por lo mismo, las medidas de seguridad y autodefensa debían transformarse, se aferró a la idea de que la nueva metodología represiva no se podría aplicar nunca en una gran urbe como Buenos Aires y, una vez más, enunció su destino manifiesto de vencedores de la contienda, dictado por alguna extraña ley de la historia.

Al mismo tiempo, realizó los "cálculos de guerra" de que hablaba Firmenich; Montoneros consideraba que si se salvaba un escaso porcentaje de guerrilleros en el país (Gasparini calcula que unos cien) y otros tantos en el exterior, quedaría garantizada la regeneración de la organización una vez liquidado el Proceso de Reorganización Nacional. Así, por no

---

89. Luis Mattini, en María Seaone, *op. cit.*, p. 303.

abandonar sus territorios, la conducción entregó virtualmente a buena parte de sus militantes, que serían los pobladores principales de los campos de concentración.

Algunas investigaciones, como las de Gasparini, y la información de los círculos militantes atribuyen el acelerado final del ERP a la existencia de infiltración en sus filas por parte de los servicios de inteligencia. Versiones semejantes, como la de María Seoane, pero sobre todo periodísticas, han sugerido que la conducción nacional de Montoneros también estaba infiltrada por los servicios de inteligencia; sólo así se explicaría que en cada circunstancia haya tomado precisamente las decisiones que conducían en forma más directa al exterminio. Esas argumentaciones suponen que Mario Eduardo Firmenich, máximo e indiscutido dirigente de Montoneros, sólo podría haber actuado como actuó siendo un agente doble, o bien que alguno de sus allegados, dentro del reducido núcleo de la Conducción Nacional, entregó la información necesaria para facilitar la destrucción de la organización.

Aunque los hechos permitirían holgadamente sustentar esta tesis, creo que la realidad suele ser algo más compleja que un simple juego conspirativo de agentes sencillos y dobles. Pero, sobre todo, creo que la destrucción de un proyecto político y organizativo prácticamente nunca se puede explicar por procesos de infiltración, aunque estos hayan ocurrido. Es preciso buscar en la lógica y la dinámica de Montoneros las razones de su derrota política y su desaparición. El desastre político y militar que sufrió fue fruto de una organización atrapada en las concepciones y prácticas militarizadas, burocráticas, pragmáticas y autoritarias que se han descrito hasta aquí y que, de manera creciente, le escamotearon el más elemental sentido de realidad.

Una lógica cerrada

La guerrilla quedó atrapada tanto por la represión como por su propia dinámica interna; ambas la condujeron a un aislamiento creciente de la sociedad.

Para comprender el proceso que se desarrolló en el período 1976-1980, se considerará en particular el caso de Montoneros. Esto se debe a la temprana desaparición del ERP, que, si bien constituyó un actor importante en el proceso de formación de la guerrilla, ya estaba aniquilado en julio de 1976, a cuatro meses del golpe militar. Sus militantes habían "desaparecido" en los campos de concentración, como todos los militantes populares capturados en esa época. Julio de 1976 es la fecha en que cayó su máximo dirigente, Roberto Santucho, quien murió combatiendo, después de lo cual la organización no logró rearticular su estructura ni su funcionamiento. Hacia fines de 1976 –fecha de captura de los primeros sobrevivientes de los campos de quienes se registran testimonios–, los dirigentes vivos del ERP partieron al exilio. Por ello, los principales pobladores de los campos de concentración entre fines de 1976 y 1980 y, en particular, la mayor parte de los sobrevivientes que pueden dar testimonio corresponden a la organización Montoneros y a su periferia. De la misma manera, la temprana desaparición del ERP no permite analizar en profundidad los procesos internos de la organización frente al incremento represivo, pero, sobre todo, ante la nueva modalidad del campo de concentración-exterminio como estrategia represiva del Estado. En este apartado, me propongo delinear los mecanismos políticos, militares y organizativos que, junto al ímpetu represivo, asfixiaron la práctica de Montoneros y condujeron a la organización a una verdadera derrota política y militar que, en el caso del ERP, ya se había producido con antelación.

LO POLÍTICO

1) *Pragmatismo*. Este rasgo se vio favorecido por una construcción teórica cada vez más deficiente, sobre todo después de la muerte de algunos de los dirigentes de FAR. Se pude reconocer incluso cierto menosprecio por la elaboración intelectual, que se reemplazó por algunas "verdades" nunca cuestionadas. Algunas de ellas se expresan en las siguientes ideas: la contradicción principal en la Argentina es la que existe entre el imperialismo y el campo de la Nación; la única resolución posible de dicha contradicción es la construcción del socialismo; la clase que debe dirigir el proceso revolucionario al socialismo es la clase obrera, cuya identidad política es el peronismo. Este "catecismo" político debió haber merecido, por lo menos, algunas dudas a partir de las contradicciones que el proceso político planteaba, como el hecho de que la clase obrera no se mostraba particularmente sensible al proyecto socialista, ni los socialismos realmente existentes parecían ser muy benéficos para sus respectivas clases obreras (asunto perfectamente claro para entonces). Asimismo, el pragmatismo se manifestaba en una dudosa apelación a "la realidad", como si esta no fuera multifacética y, por lo tanto, no tuviera innumerables lecturas. Ambas limitaciones fueron herencia del peronismo, de su vieja pugna con la intelectualidad argentina así como de aquella afirmación perogrullesca de Perón, retomada tantas veces por la militancia de izquierda: "La única verdad es la realidad".

Para Montoneros, esta apelación a "la realidad" implicaba asimismo su transformación por medio de la acción, como *non plus ultra* de la política. "El aspecto más dinámico, el motor de esa relación dialéctica (la relación entre acción, conciencia y organización), lo constituye la acción... La historia de los últimos diez años del proceso revolucionario argentino ha confirmado ampliamente la justeza política de nuestra teoría revolucionaria, especialmente de este aspecto de la misma, o sea, la dialéctica de la acción."[90]

El énfasis en la práctica y en la acción dio lugar a severas contradicciones dentro de la línea política, que fue llevada en una y otra dirección, según se sucedían las coyunturas. Por ejemplo, en 1976 una de las publicaciones de Montoneros afirmaba: "El peronismo ha quedado agotado".[91] Sin que mediara una explicación o retractación comprensibles, pocos meses después una circular de febrero de 1977, de la Conducción Nacional, señalaba que considerar que el peronismo se había terminado y que lo reemplazaban los montoneros constituía un error vanguardista. En consecuencia, en la portada del número 22 de *Evita Montonera* se podía leer: "El triunfo de la resistencia de los trabajadores forjará la unidad del peronismo". Entre la primera afirmación y esta última habían transcurrido dos años y muchos muertos, pero no existía una caracterización del movimiento peronista como tal que fundamentara alguna de estas afirmaciones. Todas eran producto de la práctica y de la acción, y estaban respaldadas por "la realidad".

Sin duda, ese mismo pragmatismo llevó a una comprensión insuficiente y esquemática tanto de Perón como del movimiento peronista. La confusión entre la condición desestabilizante, francotiradora e incluso combativa de ambos –que habían impedido de hecho el asentamiento de todo proyecto político desde 1955– con un carácter supuestamente revolucionario orientado a cuestionar las formas y la distribución del poder capitalista llevó a esperar del gobierno peronista un desempeño revolucionario. Mientras Perón se planteaba la "comunidad organizada", Montoneros esperaba medidas

---

90. Montoneros, "Las contradicciones políticas existentes y su forma de resolución", documento interno, septiembre de 1976.

91. Montoneros, *El Montonero*, nº 11, abril de 1976, p. 4.

de corte socialista, nacionalización de empresas y recursos, e incluso la formación de milicias populares, todas éstas banderas incuestionables que aparecían como los pasos necesarios en el camino a una liberación nacional y social.

2) *Desinserción de los sectores populares.* Esta discrepancia entre las expectativas y propuestas políticas de Montoneros y los hechos que se fueron produciendo en ese gobierno peronista de la "tercera edad" los llevó a un aislamiento creciente y a reducir su área de influencia a los sectores directamente ligados con su estructura organizativa.

Es indudable que la represión y la clandestinidad dificultan el trabajo político, aunque no lo impiden. La desinserción política del ERP, que también fue determinante en su destrucción, se incrementó con el accionar represivo, pero, en verdad, provenía de su propia concepción de la política, tan elitista y pura, frente a realidades desordenadas, múltiples, contradictorias.

Por su parte, Montoneros llegó a tener un trabajo de base importante dentro del Movimiento Peronista, pero que se desarrolló sobre todo en los frentes territorial y juvenil. Las juventudes peronistas tenían importancia en sectores socialmente marginales y entre la clase media, especialmente profesional y estudiantil; no así en la clase obrera urbana, de gran peso político y numérico, ni en otros grupos sociales más directamente vinculados con la actividad productiva y de mayor peso en las relaciones de poder vigentes.

Gran parte de la fuerza que había conservado el peronismo entre 1955 y 1972 se debía al éxito de un sindicalismo peronista unido, conducido por una burocracia generalmente gangsteril, pero con capacidad para afectar el aparato productivo nacional. Sin duda, el movimiento peronista abarcaba a muchos otros sectores y constituía un fenómeno social mucho más amplio, pero también, sin duda, buena parte de su capacidad de presión, negociación y concertación residía en el poder de ese aparato sindical, al que Montoneros nunca pudo acceder.

Por otra parte, si bien el accionar represivo, tanto legal como clandestino, incluso antes de la muerte de Perón, se orientó a destruir las organizaciones guerrilleras, se dirigió sobre todo a sus agrupaciones de base, que eran los organismos más visibles. En consecuencia, la desinserción de Montoneros se profundizó con el avance represivo de la AAA y más tarde del gobierno militar, instancias que golpearon a esas agrupaciones. Pero las razones últimas de la desinserción deben buscarse en un trabajo de base muy reciente y, por lo tanto, poco asentado –de 1972, con la campaña electoral, a 1974, con la autoclandestinización y la aparición de la AAA–, así como en una perspectiva política vanguardista que aducía una dudosa representación del "pueblo" e impulsaba como parte de su propuesta "popular" acciones que las bases del movimiento no asumían como viables ni deseables.

El llamado a la construcción de un ejército popular, la declaración de una guerra que no quedaba verdaderamente clara para nadie y la insistencia en una práctica que tendía a incrementar los niveles de violencia no eran acciones que coincidieran o se asimilaran fácilmente a las prácticas desarrolladas hasta entonces por el movimiento peronista, que, si bien nunca había permanecido ajeno al uso de la violencia, también había sido muy cauto en sus enfrentamientos.

La desinserción favoreció el rebrote de un vanguardismo cuyas fuentes provenían del foquismo inicial. Con la destrucción de las agrupaciones de base, Montoneros fue perdiendo sus canales de comunicación, y comenzó a girar en el vacío de su propia lógica, cada vez más desconectada y autosuficiente.

Mientras Montoneros afirmaba: "La identidad política común del Partido [Montonero] y las agrupaciones del Movimiento de Liberación Nacional permitirá profundizar y entender la situación de guerra en el seno de las agrupaciones, haciendo que efectivamente estas participen del proceso bélico y posibilitando la retaguardia real del Partido y el Ejército",[92]

---

92. Montoneros, "Fundamentos del Plan Anual", documento interno, 1977.

las agrupaciones, sabiamente, intentaban participar lo menos posible en el tan mentado proceso bélico.

El proceso de desinserción se agudizó a partir de 1977, primero con la salida del país de las conducciones, luego de los mandos medios y por último de todos los que pudieron hacerlo. Si hasta ese momento la distancia con sectores sociales más amplios había afectado la perspectiva política, a partir de entonces la brecha se abrió con el país en su conjunto, por lo regular con el océano de por medio y el bloqueo informativo en acción. Los múltiples contactos y relaciones internacionales, entre las que cabe mencionar las relaciones con el gobierno de Cuba, la Organización para la Liberación de Palestina (OLP), el Frente Sandinista de Liberación Nacional (FSLN) de Nicaragua, el Partido Socialista Francés (PSF), aunque dieron un espacio político en el exterior, jamás permitieron salvar la enorme distancia con el país, que ya era incluso geográfica. Los viajeros y los pocos militantes que quedaban en la Argentina poco podían hacer para corregir la óptica cada vez más distorsionada en que persistía la conducción.

La desinserción política llevó, por una parte, a la formulación de propuestas que el Movimiento Peronista, de por sí disperso y golpeado por el accionar represivo sobre todos sus frentes, no podía ni quería recoger. Pero, por otra, llevó a las conducciones a creer que las acciones de resistencia que se emprendían en el país eran una respuesta real a la política montonera. Así, los numerosos conflictos sindicales que el gobierno militar debió enfrentar, y que respondían a comisiones internas de las fábricas, por lo regular sin contacto ni coincidencia algunos con las propuestas de la guerrilla, se contabilizaban desde la organización como parte de la resistencia popular a la que llamaba desde sus publicaciones y que supuestamente promovía con el accionar militar. Conectándolas artificiosamente, se afirmaba que "la resistencia armada y miliciana alimentó y dio fuerza a la resistencia sindical",[93] como indicio del avance de una verdadera contraofensiva popular. Toda resistencia se interpretaba, de buena o mala fe, como convalidación de su política.

Si bien Montoneros reconocía una desinserción de la base en términos organizativos, sobre todo después de las numerosas detenciones y desapariciones de 1976 y 1977, nunca pensó que esto se debiera a una auténtica desvinculación política, de manera que pretendía subsanar esta deficiencia superponiendo su "espacio" militar con el de la lucha de masas. "Nuestro accionar militar debe coincidir con la lucha de masas en los objetivos, el tiempo y el espacio",[94] afirmaba. Esta idea llevó a que los militantes no sólo estuvieran separados de la lucha política de base, sino a que la perjudicaran y fueran temidos por los activistas sindicales, puesto que cuando operaban militarmente sobre un área de conflicto atraían una represión mucho mayor y abortaban toda posibilidad de triunfo o negociación.

A medida que aumentó el aislamiento de los sectores populares, se incrementó la práctica "internista" y consecuentemente floreció una lógica cerrada, retroalimentada, autosostenida y sin instancias de confrontación política con otros sectores.

3) *Prevalencia de la lógica revolucionaria sobre el sentido de "realidad"*. Dada la escasa relación con el entorno social y político que pretendían modificar, las organizaciones reemplazaron el análisis político de circunstancias concretas por la lógica interna de un conjunto de "principios" revolucionarios que no alcanzaban a constituir una teoría. La consistencia lógica reemplazó la búsqueda de cierta congruencia del discurso con una realidad cambiante. De esta manera, tanto el discurso como la práctica política montoneras se alejaron paulatinamente de todo contacto con el acontecer. Se operó una inversión mediante la cual, en lugar de establecerse un diálogo entre los presupuestos teóricos y la realidad fenoménica, esta

---

93. Montoneros, "Reunión de Conducción Nacional", documento interno, marzo de 1978.
94. Montoneros, *Estrella Federal*, nº 3, 1978, p. 16.

última se convirtió cada vez más en un apéndice amoldable y amoldado a los "principios" de una concepción irrevocable, más dogmática que teórica. Se fue produciendo un deslizamiento gradual que comenzó por distorsiones ligeras para llegar a un discurso verdaderamente aberrante, sin contacto alguno con lo que podríamos llamar lo "realmente existente".

Por ejemplo, Montoneros había afirmado tras la muerte de Perón que, por ser la única rama del movimiento peronista que tenía una estrategia de poder, resultaba "claramente hegemónica" hasta para sus enemigos,[95] desconociendo el clarísimo proyecto de la derecha, "alargando" injustificadamente el concepto de hegemonía y distorsionando a todas luces la percepción política.

Este tipo de lógica, que presuponía un funcionamiento casi matemático de la historia, se ligó a la convicción del triunfo inexorable y llevó a asumir que toda acción del oponente era provocada por un avance del campo popular. Tales argumentaciones resultaban demenciales porque tendían a justificar todo movimiento de la situación como un indicio de la propia fuerza y de la cercanía del triunfo. Así, en 1976, ante las nuevas formas operativas desplegadas por las Fuerzas Armadas, Montoneros aseguraba: "Aunque aparezca como que las Fuerzas Armadas, al operar masivamente sobre nosotros, producen un retroceso de nuestras fuerzas, en realidad esa situación, de que las Fuerzas Armadas se vean obligadas a salir de sus cuarteles y entrar en un enfrentamiento directo con nosotros, no es sino un retroceso del enemigo, ya que se da cuando nuestras fuerzas rebasan a las fuerzas operativas puestas en juego hasta ese momento".[96] En lugar de percibir la amenaza que entrañaba ese "enfrentamiento directo" como un avance del que debía protegerse, lo leía como un retroceso, invirtiendo prácticamente la situación.

---

95. Montoneros, "Autocrítica", primera parte, documento interno, 1974, p. 25.
96. *Ibidem*, 1976, p. 19.

En la misma tónica, cuando la organización, derrotada, se desmembraba con la separación de Galimberti y su grupo, María Antonia Berger decía: "Lo que pasa es que el poder está muy cerca, y cuando el poder está cerca suceden estas cosas".[97] Como se lo señaló a Cristina Zuker uno de sus entrevistados: "Había una confusión de la realidad, una construcción muy forzada en el orden de lo real, a partir del imaginario común, de la ideología".[98]

La distancia que media entre estas lógicas distorsionadas y la vil mentira llegó a ser verdaderamente sutil, sobre todo a medida que se fue profundizando la desinserción. Se trataba de una falsificación que tendía a agrandar los éxitos propios y los fracasos del "enemigo". Sería difícil determinar la intencionalidad o no de la mentira desde las conducciones, pero lo verdaderamente significativo es cómo ese falseamiento de lo real, dentro de grupos cerrados, que carecen de otros puntos políticos de referencia –por el aislamiento propio, por la censura impuesta desde el gobierno y por la eliminación de toda postura disidente hacia el interior–, termina por convertirse en una versión aceptable y creíble. En 1977, se afirmaba que: "el enemigo no pudo concretar el aniquilamiento y nuestras fuerzas volvieron a regenerarse y a reorganizarse con gran rapidez";[99] o bien que "la situación del gobierno no puede ser peor (!)... Paredes pintadas... volantes donde figuran los votos de los compañeros ante una medida de fuerza... En los barrios la gente murmura... Hoy la gente resiste al gobierno de Videla para no morir de hambre, y también defendiendo sus derechos político-sindicales... El país es un hervidero".[100]

A continuación, se llega al delirio: "el caudal de nuestra política es, hoy, no menos de dos millones y medio de

---

97. Cristina Zuker, *op. cit.*, p. 123.
98. *Ibidem*, p. 162.
99. Montoneros, "Reunión de conducción nacional", documento interno, abril de 1977, p. 6.
100. Montoneros, "Circular 31", junio de 1977, pp. 1-4.

votos",[101] o bien, en enero de 1979, cuando la organización Montoneros ya había sido virtualmente destruida y sólo quedaba un pequeño número de militantes en el exterior: "...ahora que los hemos frenado [a los militares] y desgastado, los tenemos que atacar para empujarlos al abismo... En circunstancias en que la dictadura se debate en sus contradicciones internas, sin lograr digerir sus fracasos y vertebrar una estrategia de recambio, no debemos darle tiempo ni libertad de acción para que reestructure sus fuerzas".[102]

4) *Convicción del triunfo inexorable*. Esta convicción, muy arraigada en las organizaciones que se atribuyen el papel de vanguardias, las lleva a pensar que cualquier situación es, a largo plazo, favorable para sus fines estratégicos. Presupone que hay una línea de evolución histórica que lleva inexorablemente al triunfo de sus objetivos. "Dentro del gobierno, las FFAA y sus aliados, la situación se presenta más o menos clara: una extrema debilidad; hay contradicciones públicas y a diario, hoy nadie se juega por este proyecto ni por los alternativos, que se unen solos ante el peso de la lucha de masas y el irreversible avance de la historia".[103]

La suposición del triunfo inexorable comprende la lógica de que "lo bueno que tiene es lo malo que se está poniendo". Bajo esta idea, la organización Montoneros, igual que el ERP, consideró que el golpe de 1976 era benéfico para sus objetivos puesto que agudizaría las contradicciones y se aclararía un enfrentamiento que resultaba difuso, dadas las prácticas de represión ilegal provenientes de un gobierno elegido democráticamente; se esperaba que todo ello permitiera acelerar el momento del triunfo.

La convicción del triunfo inexorable no permite analizar con seriedad la posibilidad de la derrota, distorsionando en los militantes la visión de la situación política real, en la que

---

101. Montoneros, "Conducción Nacional", documento interno, julio de 1977, p. 3.
102. Montoneros, *Evita Montonera*, Nº 23, enero de 1979.
103. Montoneros, "Circular 31", junio de 1977.

siempre, por lo menos hasta momentos muy próximos a la toma del poder por parte de una fuerza insurgente, está mucho más próxima la posibilidad de la derrota que la del triunfo. Se abunda en las ideas de la "segura victoria final", en la "imposibilidad de la derrota de las fuerzas populares", como si su sola enunciación conjurara la verdadera posibilidad del aniquilamiento. "La justicia de nuestra causa, la experiencia adquirida, el compromiso hacia nuestros héroes y mártires, el ejemplo de nuestro pueblo, nos aseguran la victoria final", afirmaba el informe de la reunión de la Conducción Nacional de marzo de 1978, firmado por Firmenich.

Lo militar
1) *Militarización de lo político.* Como ya se señaló, la concepción foquista presuponía la idea de que el accionar militar generaba conciencia. Si bien esta forma de pensamiento se transformó y se enriqueció durante el período legal de las organizaciones –en virtud de su relación con otras formas de lo político, entre ellas la política de masas–, el equilibrio que se buscó a partir de entonces entre lo militar y lo político se fue rompiendo, a partir de la clandestinidad, a favor del primero.

Una de las claves de esta militarización fue la idea de que lo militar era el pilar fundamental y prácticamente único del poder político; no ya una extensión de lo político sino su sustento principal. "El poder político está condicionado a la existencia del poder militar que lo sustenta... todo proyecto político es nulo si no cuenta con un poder militar correlativo."[104] Esta afirmación, en principio inobjetable, conducía a otra más dudosa: "todo nuestro accionar político está condicionado a nuestro accionar militar",[105] en la que ya aparece la reducción de lo político a lo militar. La diferencia

104. Montoneros, "Actualización de la estructura organizativa", documento interno, agosto de 1975.
105. Montoneros, "Autocrítica", segunda parte, documento interno, 1976.

entre reconocer el sustrato violento y militar en que descansa todo poder político y suponer que la política se reduce a lo militar radica en que, precisamente, el poder presupone lo militar, pero no se reduce a ello.

Por su sobredimensionamiento, lo militar fue ocupando el espacio político hasta producirse una verdadera confusión entre uno y otro y la reducción de uno al otro. Así, los documentos políticos de la Conducción Nacional y el Consejo Nacional de Montoneros adoptaron, a partir de noviembre de 1976, una modalidad original; analizaban las coyunturas nacionales desde el siguiente modelo: 1) la estrategia del enemigo (espacio, tiempo, armas); 2) la estrategia propia (espacio, tiempo, armas); 3) la relación de fuerzas (en lo económico, en lo político, en lo militar, en síntesis); y 4) los cursos probables de acción.

Como se puede ver, la realidad sociopolítica quedaba reducida a variables de tipo militar, perfectamente insuficientes e incluso contradictorias entre sí. Las nociones eran las de dos fuerzas: propias y enemigas. El pensamiento, estrictamente binario, comprendía la eliminación de lo que no es propio; no existe en él nada fuera del enfrentamiento; todo pertenece a uno u otro campo. Analizar al oponente-enemigo y a sí mismo desde las variables de espacio, tiempo y armas refleja a todas luces la simplificación y el desvirtuamiento de lo político hacia lo militar en clave de Clausewitz. Ese razonamiento se trocaba súbitamente hacia otras categorías de matriz probablemente gramsciana, al incorporar el análisis de la relación de fuerzas para una comparación más ventajosa, considerando aspectos como el económico y el político en donde el proyecto militar encontraba ciertas resistencias, que se asimilaban mecánicamente a la propuesta política montonera.

Ante las protestas internas por semejante novedad en la metodología de análisis, la Conducción Nacional (Firmenich, Perdía, Yager y Mendizábal) contestó: "Para esa descripción y análisis nos valemos de los principios del materialismo histórico y el materialismo dialéctico integrados con los conceptos básicos de la ciencia militar [sic]... para integrar lo político y lo militar... [lo que representa importantes] avances teóricos".[106]

En síntesis, lo militar aparecía investido del carácter de "ciencia" para resultar más respetable, con predominio sobre lo político, respondiendo a la clásica concepción de Clausewitz, pero distorsionando el principio según el cual la guerra es la continuación de lo político. Ahora lo político se reducía a lo bélico. Se había hecho un tránsito desde una concepción de guerra más ligada a la noción gramsciana de "guerra de posiciones", fundamentalmente política, a la más rígida concepción prusiana de despliegue de armas en tiempo y espacio. Este empobrecimiento de lo conceptual, sin duda tuvo que ver con la pérdida de las cabezas políticas y la instalación dentro de la conducción de un pensamiento que podríamos llamar burocrático-militar.

2) *Guerra y enemigo*. La militarización de lo político convirtió al opositor en enemigo y a la lucha política en guerra. "Todos manejamos alguna información sobre el enemigo. El cana[107] que vive en el barrio, la pinza[108] que vimos, el plano de la comisaría o el cuartel donde hicimos la colimba,[109] el matón del sindicato, la casa de un traidor del movimiento, el dueño de la fábrica donde trabajamos."[110] Por lo tanto, se caracteriza como enemigo a todo el aparato represivo, a la burocracia sindical sin exclusiones, a la derecha del peronismo y a la burguesía, por lo menos la industrial. La noción enemigo forma entonces un bloque casi tan amplio y arbitrario como la noción de subversivo para los militares.

De manera semejante, el desplazamiento de lo políti-

---

106. Montoneros, "Reunión de Conducción Nacional", documento interno, abril de 1977, pp. 1-2.
107. Policía.
108. Control policial.
109. Servicio militar obligatorio.
110. Montoneros, *Evita Montonera*, septiembre de 1975, p. 30.

co promovió la insistencia en la idea de guerra, de la que se desprenden las de ejército, ofensiva, batalla, combate. Este fenómeno se produjo en los últimos meses de 1975, más precisamente en octubre de ese año cuando, con el ataque al Regimiento 29 de Infantería de Formosa, se lanzó el llamado Ejército Montonero con la intención de constituirse en un ejército regular.

Las publicaciones de Montoneros se llenaron de relatos de operativos violentos, enfrentamientos, indicaciones de cómo utilizar armas o fabricar explosivos y homenajes a los muertos cada vez más numerosos. Por ejemplo, el *Evita Montonera* de octubre de 1976 dedicaba 18 páginas al análisis político y 49 a las actividades militares.

Esto se correspondía con una práctica que intentaba ganar en lo militar el espacio que perdía gradualmente en la política. Entre marzo de 1976 y el mismo mes de 1978 la organización realizó, según sus propias fuentes, más de mil operaciones y fabricó 780 kilos de alto explosivo, 2500 granadas de mano y 1200 granadas para fusil.[111]

Los enormes costos que representó, en vidas humanas, este aferramiento a la idea de guerra y a la intención de recuperar una posición ofensiva, en lugar de plantear una reformulación de las estrategias, llevó a pensar en la extensión de la violencia. Se argumentaba que si el enfrentamiento entre la organización Montoneros y las Fuerzas Armadas se desviaba en confrontaciones menores y más numerosas, disminuiría la presión sobre la estructura de la guerrilla a la vez que incorporaría a su proyecto a los sectores populares. Esta idea llevó a "pensar como un todo la lucha armada y la lucha de masas", "contaminando" esta última y dificultando aún más el contacto político con una población renuente a identificarse con las acciones armadas, ya que era objeto de la política de terror generalizado que desplegaba el Estado.

Es curioso que, estando finalmente tan permeados por una lógica en que lo militar determinaba lo político, Mon-

---

111. Montoneros, *Estrella Federal*, abril de 1978, p. 15.

toneros no haya percibido que las innumerables derrotas militares que sufría a partir de 1976 implicaban, en último término, un error de valoración política que se hacía cada día más obvio.

Lo organizativo y la política interna

1) *Simplificación de lo político como problema organizativo.* El desvirtuamiento de lo político no sólo se expresó en la militarización sino también en lo que podríamos llamar organizativismo. Las diferentes crisis políticas se intentaban resolver mediante reorganizaciones de tipo administrativo, que se sucedieron ininterrumpidamente a partir de 1975, y se presentaban como soluciones milagrosas para los males cada vez más numerosos de la organización.

También los problemas de representatividad se encararon como meros fenómenos organizativos. Con el objeto de "ganar la representatividad en la clase obrera industrial es necesario ajustar las estructuras y el funcionamiento para permitir que los más altos niveles de conciencia del proletariado industrial tengan oportunidad de una más plena participación en la organización", afirmaba un documento interno de agosto de 1975, cuyo nombre era nada menos que *Actualización de la estructura organizativa*. Del texto parecía desprenderse que sólo era necesario abrir la oportunidad de incorporación del proletariado industrial, que esperaba ansioso ese momento para unirse a la guerrilla; así quedaría resuelto el problema de representatividad.

Como parte de este fenómeno, la transformación de la organización, hasta entonces OPM (Organización Político Militar), en partido revolucionario y el lanzamiento del Movimiento Peronista Montonero (MPM), en 1976, como alternativa a la burocracia del peronismo se concibieron también como cuestiones de tipo organizativo. La constitución del partido significó la especialización de funciones y una mayor centralización de la conducción que se propuso como una "transformación organizativa de fondo, y sobre la base de planes, fundamentalmente los militares",[112] eludiendo su significación política.

Asimismo, la formación del MPM no fue un acto político sino que se redujo a la aparición pública y en el exterior de aquellos militantes que ya pertenecían a la organización o estaban vinculados a ella, y que habían tenido una actividad pública en el país. No representó la realización de alianzas o acuerdos con otros sectores que ampliaran la base de sustentación, y ni siquiera el replanteo de los lineamientos políticos sostenidos hasta entonces.

No obstante la reducción de las cuestiones políticas más relevantes a su dimensión organizativa, el énfasis en lo organizativo se criticaba internamente como "aparatismo". Se había dado en llamar aparatismo el intento de resolver desde el aparato de la organización cuestiones de índole política que requerían análisis y esfuerzos más amplios. La conducción tomó la crítica al aparatismo y la transformó en una política de "avaricia" en la administración de los recursos.

Decidió que la subsistencia de los militantes –en especial los de base– y las necesidades materiales de las organizaciones periféricas y los distintos frentes debían ser satisfechas y resueltas desde fuera de la organización, sin recurrir al "aparato". La conducción, bajo el argumento de que la relación con las masas debía sostener a la guerrilla y no a la inversa, retaceó recursos con los que contaba y dejó indefensos a militantes populares que hubiera podido proteger.

2) *Falta de participación en los mecanismos de promoción y en la toma de decisiones.* El centralismo en la toma de decisiones fue característico del funcionamiento de Montoneros, entre otras razones por su fuerte componente militar. Este proceso se intensificó a partir de 1974. De hecho, la reestructuración de marzo de ese año, así como la que se produjo en octubre, tendieron a incrementar la centralización de las decisiones, y afectaron explícitamente un federalismo

---

112. Montoneros, "Autocrítica", segunda parte, documento interno, 1976, p. 30.

previo que permitía cierta autonomía de las conducciones regionales. Desde ese momento y más aún con la creación de la estructura de partido, desapareció todo intento de independencia regional y se consideró que los secretarios zonales no eran representantes de su zona frente a la conducción, sino a la inversa, comisionados de la conducción en la zona a la que fueran asignados.

Se anuló así cualquier forma de poder que pudiera cuestionar o limitar el de la Conducción Nacional, de cuatro miembros. Debajo de esta instancia se encontraban un Secretariado Nacional y un Consejo Nacional, organismos colectivos que sumaban una docena de militantes. En este puñado de personas, seleccionadas por los mecanismos de evaluación de la Conducción Nacional y por sus respectivos ámbitos de militancia, recaía la totalidad de las decisiones. Allí se trazaban las políticas, sin que existieran mecanismos de convalidación o rectificación de las mismas por parte de los demás niveles de la organización; allí se deben buscar las responsabilidades últimas del accionar montonero entre 1976 y 1980.

Originalmente, el mecanismo de promoción y ascenso consistía en las llamadas evaluaciones, sesiones de crítica y autocrítica que realizaba cada célula y, a partir de ellas, se seleccionaba al jefe del grupo, con una fuerte influencia de la opinión del ámbito superior jerárquico. Aunque muy deficiente, ya que se centraba sobre todo en la experiencia militar y en la disciplina, este mecanismo representaba una forma de democracia interna. Sin embargo, este proceso de por sí limitado se dio colectivamente por última vez a fines de 1975. Desde ese momento las promociones se decidieron por estricta decisión jerárquica, dificultando aún más la manifestación de cualquier forma de disidencia o desacuerdo. "Hay una parálisis creciente de la práctica de la crítica y la autocrítica en los ámbitos, y los ascensos los determina la Conducción Nacional",[113] señalaba un documento crítico de 1980, que les valió la expulsión a los firmantes.

113. Montoneros, *Boletín Interno* nº 13, p. 23.

Para 1976, el centralismo y la desconfianza en cualquier mecanismo democrático era uno de los signos de una conducción cada vez más despótica que, sin el menor reparo, afirmaba en un documento de septiembre de ese año: "La decisión es por definición centralista... El voto es un procedimiento de tipo excepcional en nuestra organización, dado que la forma principal de la toma de decisiones en los diferentes ámbitos es la de consenso de sus miembros".[114] Cuando todas las decisiones de un cuerpo colectivo se toman por un consenso tan amplio que no amerita siquiera la consulta, resulta evidente que sencillamente no existe espacio para el disenso.

3) *Disciplinar el desacuerdo*. La militarización de lo político, que ya se analizó, llevó a utilizar las pautas disciplinarias de las estructuras militares en toda la práctica organizativa. A medida que el accionar represivo se intensificó, la actividad militar pasó a ser prioritaria y la disciplina reemplazó a la participación, de por sí poco desarrollada. Las condiciones represivas "justificaron" la imposibilidad de ampliar la discusión, que llevó en primer lugar a postergar el primer Congreso del flamante partido, que debía realizarse en 1976. El mismo, que prometía por fin el momento democrático dentro del clásico modelo leninista del centralismo democrático, nunca se realizó. En la práctica, se dio un simple centralismo continuado, en manos de una conducción inamovible.

La conducción se dedicó primero a disimular el desacuerdo restándole importancia, boicoteando la discusión y luego ahogándolo. Para septiembre de 1976, se realizó el único proceso de consulta, por votación, del que, por decisión de la Conducción Nacional, no participó toda la organización, sino solamente sus mandos medios y superiores. Se debía decidir acerca de la realización del mencionado Congreso durante ese verano. En el momento de la consulta se establecía abiertamente que, de triunfar la posición propuesta por la Conducción Nacional, "los compañeros que reali-

---

114. Montoneros, "Las contradicciones políticas existentes y su forma de resolución", documento interno, septiembre de 1976, pp. 1-11.

zaron el cuestionamiento que da lugar a esta votación y que ocupen cargos de dirección nacionales o zonales cesarán en sus funciones a la brevedad posible pasando a realizar otras tareas de menor responsabilidad".[115] Es decir, el que pierde se desplaza; no hay espacio para minorías ni desacuerdos. No fue el único caso. En abril de 1977, la circular interna número 16 informaba que en la zona norte: "Hubo planteos de tono disidente, producto de lo cual se despromueve a todos los relacionados al planteo".

La conducción castigaba el desacuerdo, de por sí difícil de expresar, en una organización que por su propia estructura compartimentada y piramidal no tenía posibilidad de resistirse, de organizar una tendencia interna o de destituir a sus niveles superiores. Montoneros quedó atrapada en su propia creación: una organización disciplinada y vertical.

Las declaraciones autoritarias se sucedieron, reivindicando el principio de obediencia: "todos los compañeros deben recordar y cumplir el viejo principio de que la orden primero se cumple y luego se critica", se advertía en el informe de la reunión de Conducción Nacional de marzo de 1978, junto a la imposición de penas de expulsión y fusilamiento por diversas conductas consideradas lesivas para el partido, el ejército o el movimiento.

No sólo se castigó la disidencia sino incluso cualquier conducta que, aunque acordara con las posturas de la conducción, tuviera un enfoque relativamente diferente. El caso más dramático lo constituye la fuga de uno de los militantes secuestrados por el Ejército, Tulio Valenzuela, quien, bajo la simulación de una colaboración con sus captores, logró llegar a México, escapar e impedir con ello el asesinato de dirigentes montoneros –entre ellos Firmenich– y hacer la primera denuncia pública sobre la existencia de campos de concentración por parte de un sobreviviente. Todo esto mientras su mujer y su hijo permanecían en manos del Ejército, dentro de la Argentina.

---

115. *Ibidem*, p. 13.

Esta acción, virtualmente heroica, en lugar de valerle algún reconocimiento implicó que se le hiciera un juicio revolucionario. En el *Boletín Interno* nº 7, de mayo de 1978, antecedido por una foto del "comandante" Firmenich y Valenzuela durante el juicio, se afirmaba que este último "se autocritica del hecho de simular entregar información al enemigo según su apreciación subjetiva, con lo que corre el riesgo [de] que el enemigo imponga su voluntad". Es decir, se lo degradaba y se consideraba que "debe ser castigado con la máxima severidad", no por lo que hizo o sucedió, sino por lo que podría haber sucedido. Tal como se ha analizado en el caso de los campos de concentración,[116] también aquí se condenaba al que es potencialmente culpable. Ciertamente, convertir la sospecha de culpabilidad en prueba suficiente es parte del pensamiento autoritario.

En verdad, el juicio a Valenzuela representó el castigo de todo aquel que no militara o muriera como la conducción definía que se debía militar y morir, mientras ella permanecía a salvo fuera del territorio argentino. Al más puro estilo de los juicios de Moscú, el juicio contra Valenzuela concluyó con una autocrítica del acusado reclamando la culpa de haber pretendido "compatibilizar el interés individual con el interés colectivo [vaya culpa]... la soberbia de haber pensado que tenía el control de la situación [efectivamente lo tuvo] y por no comprender que las acciones deben ser analizadas por las concepciones que las inspiran, con independencia de los resultados que generan".[117] Esta argumentación lleva en forma directa a culpar, contra toda norma de justicia, basándose en la suposición de intenciones antes que por la realización de acciones específicas y demostrables.

Pero quizá lo más claro del clima de autoritarismo e intolerancia que vivía para entonces Montoneros fue la defensa

---

116. Este tema se desarrolla en: Calveiro, Pilar, *Poder y desaparición*, Buenos Aires, Colihue, 1998.

117. Montoneros, *Boletín Interno* nº 7, junio de 1978.

que hizo el propio Valenzuela de la conducción que tan injusta y duramente lo condenó, y cuya acción llevó al asesinato de su mujer y su hijo por parte del Ejército, y más tarde a su propia muerte. La autocrítica que realizó decía: "Compañeros de la Conducción Nacional: Ahora soy consciente [de] hasta qué punto debe haberles costado sancionarme. Algunos de ustedes están vivos porque, a pesar de todos los errores míos, el haberme presentado en México impidió que el enemigo los matara... Vencer la tendencia espontánea a protegerme; proceder con justicia y mirando el interés del conjunto los honra como conducción. Que hayan tenido la paciencia y el acierto de hacerme ver las cosas desde una nueva óptica, despojada del subjetivismo individualista, es algo de lo que les estaré muy reconocido para siempre. Esto no es la autocrítica definitiva de la operación, hay que avanzar más, ir reconociendo en cada hecho lo que subyacía, irse más atrás del resto de mi práctica política... si soy superficial en la autocrítica los problemas volverán a aparecer en el momento más inesperado defraudando las esperanzas que el partido ha puesto en mi recuperación... me pareció que quizás es importante fundamentarles en estas líneas por qué no voy a apelar el fallo y, de paso, si algún cuadro tiene diferencias con el mismo, quizás esta aproximación autocrítica sea un aporte que contribuya a disipar dudas". El fallo fue firmado por Mario Firmenich, Roberto Perdía y Raúl Yager el 7 de marzo de 1978. Valenzuela murió en un enfrentamiento armado en la Argentina pocos meses después. Su mujer y su hijo nunca aparecieron.

Hurgar en lo que se esconde, hacer transparente al ser humano, eliminar las diferencias, recuperar y normalizar a los sujetos, no dejar espacio para las dudas, son formas de disciplinar que utiliza el poder y contra las que los movimientos insurgentes resisten. Uno de los signos más claros de la derrota política de Montoneros lo constituye esto: el no haber podido constituirse en una alternativa de resistencia de esas formas del poder, en una posibilidad de fuga de él, sino haber generado, a la postre, su reproducción lisa y llana.

4) *Lógica amigo/enemigo*. La conducción de Montoneros, pretendidamente depositaria de la verdad, se creía capaz de definir con absoluta precisión el parteaguas entre el amigo y el enemigo, entre lo revolucionario y lo contrarrevolucionario, entre los dos campos en que descomponía su universo binario. Dada la enorme "responsabilidad histórica" que se adjudicaba, no debía vacilar; era preciso que salvaguardara con absoluta firmeza los principios revolucionarios. Así dividía lo bueno de lo malo y justificaba en términos de un fin último –la revolución popular y social– cualquier acción que beneficiara ese objetivo, o trataba de aniquilar todo lo que se opusiera a él.

A medida que la lucha se hizo más violenta, a partir de 1976, Montoneros afianzó la lógica de que todo lo que no es revolucionario es contrarrevolucionario. Se promovió desde la conducción el fusilamiento de militantes que fueran o se supusieran traidores, se insubordinaran, conspiraran, hicieran defraudaciones, abusaran de su autoridad, encubrieran el incumplimiento de sanciones jerárquicas o bien que pretendieran abandonar la organización. Uno de los ejemplos más patéticos de esta modalidad fue el fusilamiento de Ignacio Orueta, ejecutado "por las dudas", ya que no había certeza de la acusación que se le había levantado: estar ligado al ministro de Bienestar Social, José López Rega.[118] Con respecto al abandono de la organización, se estableció la pena de fusilamiento para quienes lo hicieran sin la autorización del ámbito superior, que nunca se obtenía. En este marco, los montoneros que intentaban separarse de la militancia o dejar el país debieron huir al mismo tiempo de las Fuerzas Armadas y de sus, hasta entonces, jefes.

Así como internamente se intentó conjurar el disenso con la disciplina, una vez que este se manifestaba no existían mecanismos para procesarlo. El desacuerdo ameritaba la expulsión de la estructura de la organización y, automáticamente, se lo identificaba con la acción del enemigo, ya fuera real o potencial.

---

118. Juan Gasparini, *op. cit.*, p. 126.

Con la descomposición de Montoneros se produjeron dos fracciones tardías: una liderada por Rodolfo Galimberti, en junio de 1979, y otra, cuya cabeza fueron Daniel Vaca Narvaja y Miguel Bonasso, en 1980, sobre el final del período que estamos analizando y mucho después del juicio a Valenzuela y la llamada Contraofensiva.[119]

La organización consideró a ambos grupos como sus enemigos; su principal traición consistía en decir abiertamente lo que todos sabían: que las victorias proclamadas por la conducción no eran tales y que se estaba prácticamente frente a la disolución de la organización. La conducción se refirió entonces a "la penetración político-ideológica del enemigo en nuestra fuerza, manifestada claramente... en la conspiración de Galimberti". También se aseguraba de otro grupo de militantes que permanecía en la Argentina, que no alcanzó a formar una fracción, sino que simplemente manifestó desacuerdos políticos a raíz de dificultades operativas: "Tales diferencias ideológicas y políticas acabaron por transformarse en traición criminal".[120] No se tardó en condenar a muerte a estos desertores, conspiradores y traidores, aunque la sentencia, dado lo avanzado de la desintegración, jamás llegó a ejecutarse.

Algo semejante pasó con la crítica "humilde" de Vaca Narvaja y los demás, que fue tachada de "heterodoxia subjetiva y reaccionaria" y de utilizar "asquerosos recursos liberales".[121]

Todo aquel que no ostentó una fidelidad incondicional a la conducción fue acusado de ser enemigo real o potencial, aumentando el aislamiento y la necedad política a las que ya nos hemos referido.

5) *Infalibilidad e irrevocabilidad de la conducción*. En la larga historia de desaciertos que protagonizó la Conducción

---

119. Cristina Zuker relata que Miguel Bonasso "pasó por Madrid propagandizando la contraofensiva", *op. cit.*, p. 122.

120. Montoneros, "Características generales de la maniobra realizada durante la campaña", documento interno, 1979, pp. 7-14.

121. Montoneros, *Boletín Interno* nº 13, febrero de 1980, pp. 52-54.

Nacional en el período 1976-1980, no existe un solo reconocimiento de error. Los documentos internos y la prensa que se manejaba hacia el exterior insistían interminablemente en los aciertos políticos y militares, a pesar de contar con una organización cada vez más mermada en número y en influencia política.

Cuando resultaba obvio un error, sólo se reconocía en términos tácticos o circunstanciales, llegando a definir una categoría novedosa: la de las "desviaciones correctas de la etapa", que se concebían como una especie de mal menor.

Dada esta falsa infalibilidad, es importante señalar que no hubo, en todo el período que aquí se analiza, ni una sola remoción de algún cuadro de conducción. Los únicos reemplazos que se produjeron fueron por muerte. Ningún mecanismo permitía la destitución de alguno de sus miembros ni la reconsideración de cómo integrar un órgano con tan alto nivel de centralización.

Volviendo al inicio de esta argumentación, parece perfectamente plausible que una organización estructurada alrededor de estos principios logre su autodestrucción creyendo que avanza hacia el triunfo; este fue el caso de ERP y Montoneros.

La contraofensiva que ordenó la conducción montonera en 1979, y que sólo podía llevar al exterminio de sus participantes, merecía haber sido producto de la mente maquiavélica de un agente infiltrado. Lo impresionante es que, aun sin necesidad de ello, la pobreza política, la militarización, el organizativismo, la centralización despótica de una conducción torpe y obstinada permiten explicar sobradamente el fenómeno.

Las órdenes y la sumisión a las mismas deben explicarse por este conjunto de prácticas políticas, militares y organizativas que aislaron a los militantes de la realidad nacional y los convirtieron en víctimas primero de la política represiva del Estado, pero también de la organización que ellos mismos habían creado y de su propia conducción. Una organización que, en lugar de ampliar los espacios de libertad, creatividad y participación que había tenido, quedó atrapada en la formalidad de los uniformes militares, la altisonancia de las órdenes y la rigidez de la disciplina militar.

Sería absolutamente injusto decir que la guerrilla fue la otra cara de la moneda del poder militar, desaparecedor y concentracionario. Montoneros y ERP representaron intentos reales de resistencia y rebelión contra un poder autoritario que existía en el país desde la constitución de la Nación. Se enfrentaron contra ese poder y muchas veces dispararon certeramente desenmascarando la violencia que subyace en su núcleo. Si no lo hubieran hecho no se hubieran convertido en el blanco preferido de la represión y la población principal de los campos de concentración. Se atrevieron a desafiar el poder con la violencia y en ello residió parte de su potencia, pero también su mayor línea de impotencia. Al desafiar el monopolio del Estado en el ejercicio de la fuerza dispararon contra uno de los centros neurálgicos del poder autoritario, pero quedaron atrapados allí, hipnotizados de alguna manera por sus propios fuegos artificiales.

Intentaron construir una alternativa y hasta cierto punto lo lograron, pero terminaron por reproducir lógicas y mecanismos autoritarios perfectamente internalizados, que no fueron capaces de romper. La disciplina, la violencia y la rigidez en la que crecieron terminó por ganarles la batalla interna, en el contexto de una lucha extraordinariamente desigual. En suma, fueron parte constitutiva de la trama autoritaria, pero también de la acción subversiva y la desobediencia que pugnó por un país diferente.

Cerco y aniquilamiento

Los militantes convivían con la muerte desde 1975; desde entonces era cada vez más próxima la posibilidad de su aniquilamiento que la de sobrevivir. Aunque muchos, en un rasgo de lucidez política o de instinto de supervivencia, abandonaron las organizaciones para salir al exterior o esconderse dentro del país (a menudo siendo apresados en el intento), un gran número permaneció hasta el final. ¿Por qué?

La fidelidad a los principios que se acaban de enunciar hizo una parte; la sensación de haber emprendido un camino sin retorno hizo el resto. En muchos, este camino sin regreso estaba trazado por un pacto de sangre, es decir, un pacto sellado por la sangre propia y ajena. El pacto con los compañeros muertos, con la responsabilidad colectiva en la espiral de violencia, con las secretas complicidades que unen a un grupo estructurado alrededor de la transgresión a la legalidad y las normas sociales vigentes tuvo un peso específico en personas que, en su inmensa mayoría, no habían renunciado a sus principios éticos. En cierto sentido, se puede decir que a los guerrilleros los unía asimismo un pacto de sangre, el que existía sobre todo con la derramada por sus propios compañeros caídos, pero también con la sangre de los "otros", fueran militares, policías o cualquier otra víctima.

Es preciso entender que, para estos jóvenes provenientes de la clase media en su mayoría, "idealistas revolucionarios", algunos de ellos con una formación cristiana y los más reemplazando la mística religiosa por la mística revolucionaria, el hecho de haberse permitido asaltar bancos, robar coches, secuestrar industriales, enfrentar tiroteos y matar, a veces en defensa propia y otras cumpliendo las órdenes de exterminio emanadas de la conducción (como en las operaciones de asalto y aniquilamiento emprendidas por Montoneros contra la policía a principios de 1975), significaban rupturas muy profundas e inquietantes con su formación moral originaria.

Es probable que esto haya profundizado la sensación de "no retorno". Sin duda tenía enorme importancia la responsabilidad sobre la "sangre derramada", en particular para jóvenes semiintelectuales de clase media.

Los militantes que siguieron hasta el fin, lo que en la mayoría de los casos significó su propio fin, estaban atrapados entre una oscura sensación de deuda moral o culpa, una construcción artificial de convicciones (ya mencionada) terriblemente inconsistente y que sólo se sostenía en la dinámica interna de la organización, la situación represiva externa que no reconocía deserciones ni "arrepentimientos" y la propia represión de la organización que castigaba con la muerte a los desertores. Al respecto, la lógica montonera sostenía, aunque no públicamente, validando la práctica de fusilar a los desertores, que "si existe el terror contrarrevolucionario, es justo que exista también el terror revolucionario". En pocas palabras, los montoneros se encontraban aprisionados en una trampa que les habían tendido y que ellos mismos terminaron de montar.

Estas fueron las condiciones en las que cayeron en manos de los militares para ir a dar a los numerosos campos de concentración-exterminio. Como es evidente, no se trataba de las mejores circunstancias para soportar la muerte lenta, dolorosa y siniestra de los campos, ni mucho menos la tortura indefinida e ilimitada que se practicaba en ellos. Como bien señala Juan Gasparini en *Final de cuentas*: "Encorsetados con la coerción montonera para que no abandonaran la guerrilla, obcecados en ir hasta un final que de la boca para afuera se avizoraba triunfante pero con la íntima convicción de que todo estaba perdido... Así llegaban los militantes a las salas de interrogatorio...".

Tucumán y Córdoba fueron los centros de experimentación de la nueva modalidad represiva: se secuestraba a un guerrillero o a una persona periférica vinculada con la guerrilla, se la torturaba de todas las maneras posibles tratando de lograr su "colaboración"; siempre tenía alguna información útil que brindar. Si se lograba el llamado "quiebre" antes de que vencieran los plazos que las organizaciones imponían para dar por detenida a una persona, se podían obtener datos que condujeran de inmediato a nuevas detenciones y a la localización de casas y asentamientos guerrilleros. Si el plazo, o emergencia, estaba vencido, de todas maneras cualquier militante tenía una información clave: conocía las caras de por lo menos unos diez "subversivos".

Así comenzó la práctica del "dedo". Algunos de los secuestrados patrullaban con los militares las calles de la ciudad señalando caras. Una sola persona que accediera a tal práctica podía provocar la detención-desaparición de decenas, sobre todo en ciudades pequeñas como Tucumán y Córdoba, aunque más tarde, en Buenos Aires, el mismo método seguiría demostrando su eficacia. Era casi imposible defenderse de este tipo de delación. Podía producirse en cualquier lugar, a cualquier hora y en cualquier circunstancia, ya fuera en cumplimiento de una actividad militante o en la vida cotidiana. Los guerrilleros y su entorno político se encontraban cada vez más acorralados.

Ante la delación evidente, en algunos casos de cuadros importantes de la organización, la conducción optó por negarla reconociendo sólo sucesos aislados; decidió también implantar el uso obligatorio de una pastilla de cianuro para que nadie cayera vivo, con la indicación de combatir primero (ya que todos los militantes debían circular permanentemente armados) y eliminarse luego y, por último, optó por declarar traidores –sujetos a fusilamiento– a quienes no cumplieran estas órdenes o a quienes, cayendo en manos de las Fuerzas Armadas, dieran cualquier tipo de información.

Muchos militantes murieron por efecto de "la pastilla". Sin embargo, ya en 1977, el personal de algunos campos sabía cómo neutralizar el efecto del cianuro y podía revivir a una persona "empastillada". Obviamente pasaba del médico al torturador; sacar a alguien del envenenamiento ya había insumido un tiempo importante, por lo que la tortura se "debía" aplicar de inmediato e intensivamente para obtener información, antes que la detención pudiera conocerse dentro de la organización por el vencimiento del tiempo de "emergencia", y se inutilizaran los datos que el secuestrado pudiera eventualmente brindar a los torturadores.

Hay un hecho significativo que no conviene soslayar. Algunos de los militantes que fueron rescatados del cianuro o incluso que sobrevivieron a enfrentamientos armados luego dieron información bajo tormento. Más allá de las reflexiones que se podrían hacer sobre qué tanto, cómo y en qué condiciones puede ser soportable o no la tortura, lo interesante es que los militantes parecían estar más preparados para enfrentar la muerte que una resistencia en las condiciones especialmente difíciles que les imponía el campo. Es decir, lo que movió en muchos casos a la delación no fue tanto la inconsistencia o la indecisión a jugar la vida, sino más bien una especie de gran cansancio, de imposibilidad de resistir más, una necesidad de terminar.

Los militantes caían agotados. El manejo de concepciones políticas dogmáticas como la infalibilidad de la victoria, que se deshacían al primer contacto con la realidad de los campos; la sensación de acorralamiento creciente vivida durante largos meses de pérdida de los amigos, de los compañeros, de las propias viviendas, de todos los puntos de referencia; la desconfianza latente en las conducciones, mayor a medida que avanzaba el proceso de destrucción; la soledad personal en que los sumía la clandestinidad, cada vez más dura; la persistencia del lazo político con la organización por temor o soledad más que por convicción, en buena parte de los casos; el resentimiento de quienes habían roto sus lazos con las organizaciones, pero por la falta de apoyo de estas no habían podido salir del país; las causas de la caída, generalmente asociadas con la delación e incluso, en muchos casos, con la delación de los superiores jerárquicos detenidos, eran sólo algunas de las razones por las que el militante caía derrotado de antemano. No tenía la posibilidad de resistir; ya no quería resistir.

Estos hechos facilitaron y posibilitaron la modalidad represiva del "chupadero". Los militares decían que sólo era necesario "agarrar una punta y tirar del hilo". Pero esto, que parece tan sencillo, no había sido así en otras épocas, por ejemplo durante la dictadura de Lanusse, en que la tortura también era una práctica de uso corriente. Es cierto que el tormento indiscriminado e ilimitado tuvo un papel importante en los niveles de colaboración que lograron las Fuerzas Armadas, pero no es menos cierto que estos otros factores permitieron que se encontraran con un "enemigo" que no tenía la ferocidad ni la consistencia que pretendieron atribuirle. Los montoneros estaban en un punto en que sabían más cómo morir que cómo vivir o sobrevivir, aunque estas posibilidades fueran escasas.

La delación existió y fue un fenómeno importante que permitió la destrucción de las organizaciones. También se podría afirmar que las Fuerzas Armadas supieron detectar cuáles eran las debilidades de la guerrilla y las explotaron adecuadamente para alcanzar sus fines. Cuando a una persona derrotada, que intenta morir, en muchos casos de manera digna, en lugar de una muerte puntual se le ofrece un sufrimiento ilimitado y una muerte siempre presente y siempre diferida; cuando esa persona se siente "atrapada y sin salida", no sólo desde que fue secuestrada sino aun desde tiempo antes; si se le ofrece la menor posibilidad de escapar del laberinto de sufrimiento y muerte, es muy probable que se aferre con desesperación a ella. Esta promesa siempre enunciada, casi nunca cumplida, fue causa de más de una delación en personas que hubieran estado probablemente dispuestas a una muerte abierta.

¿De qué características fue la delación? Tanto las actitudes heroicas de quienes resistieron enormes sufrimientos sin entregar ningún tipo de información como las de aquellos que se convirtieron en colaboradores directos e incondicionales de los militares fueron excepcionales. Me atrevería a afirmar que hubo más de los primeros que de estos últimos, pero la propia dinámica concentracionaria se encargó de visibilizar la colaboración y "desaparecer" la resistencia.

Sin embargo, Juan Carlos Scarpatti y Nilda Haydée Orazi, sobrevivientes de los campos de concentración de Campo de Mayo y la Escuela de Mecánica de la Armada, respectivamente, estiman que sólo el cinco por ciento de los secuestrados de esos campos fueron capturados por casualidad o por acciones de inteligencia. Afirman que el noventa y cinco por ciento restante de las detenciones se originó en la delación directa o indirecta.[122] Más allá de la exactitud de las cifras, que sería casi imposible demostrar, este y otros testimonios permiten suponer que la actitud promedio de los militantes consistió en entregar algo que les permitiera prestar una colaboración parcial, a veces más simulada que real, y detener la tortura. Es decir, rotos los lazos orgánicos y la confianza en un proyecto colectivo, se buscó alguna forma de salvación personal o, cuando menos, la atenuación del sufrimiento.

Aun dentro de estos casos hubo muy diversas posibilidades. Desde aquellos que denunciaron gente, pero reservando una parte de la información que poseían, hasta quienes dieron datos que sabían inútiles, simulando una colaboración que disminuyera la presión. A veces, por factores imponderables para el detenido, esta información condujo indirectamente a la captura de personas. Existieron todas las varian-

---

122. Nilda Haydée Orazi y Juan Carlos Scarpati, "Reflexiones críticas y autocríticas acerca de la lucha armada en la Argentina y de la estrategia de Montoneros para la etapa actual", documento, 15 de octubre de 1979.

tes, con más o menos suerte, pero la actitud predominante parece haber sido la búsqueda de una salida personal evitando la colaboración total con las Fuerzas Armadas. Evidentemente, esta actitud favoreció, algunas veces de manera directa y otras indirectamente, la política de "agarrar una punta y tirar del hilo" que "alimentó" al campo de concentración.

Se podría decir que las condiciones de descomposición internas −principalmente políticas− facilitaron el accionar represivo, a la vez que se potenciaron con él. Una cosa propició la otra. Pero no se trató de una cuestión organizativa −del lado de la guerrilla− o de una tecnología represiva "exitosa" −del lado de las Fuerzas Armadas−. La derrota política de la izquierda, en general, y de la izquierda peronista, en particular, precedió a la derrota militar y la hizo posible; allí hay responsabilidades diversas. Por su parte, la causa de la aniquilación no puede buscarse en otro lugar que en el terrorismo de Estado y su institución medular, el campo de concentración, pero la insistencia en lo militar y las dos "contraofensivas" la sirvieron en el plato que los militares deseaban; allí hay otras responsabilidades. Es importante rastrear cómo contribuyeron a ello las prácticas políticas de las propias organizaciones, no para atenuar la responsabilidad militar, sino para reconocer la otra, la que nos cabe a nosotros, los que fuimos militantes y participamos del desastre, en algunos casos propiciándolo y, en otros, sin ser capaces de evitarlo. ¿O a nosotros no nos cabe responsabilidad alguna?

Una reflexión final

El presente análisis de los movimientos guerrilleros de los años 70 se articula con otro, que se publicó hace algunos años, bajo el título *Poder y desaparición*, orientado a comprender y proponer algunas claves interpretativas con respecto a la política represiva desarrollada en la Argentina durante los años del llamado Proceso de Reorganización Nacional. Dicha política se caracterizó por la práctica de la desaparición de personas mediante una institución del Estado: los campos de concentración.

Desde mi punto de vista, hablar de los campos de concentración implica, necesariamente, hablar de los movimientos armados cuya destrucción se alcanzó mediante esta modalidad represiva. No pretendo con ello indicar que las únicas víctimas de los campos pertenecieran a la guerrilla. Por el contrario, una vasta gama de militantes de distintas orientaciones políticas, partidarios y no partidarios de la lucha armada, encontraron el sufrimiento, la muerte y la desaparición en los doscientos setenta centros de detención clandestina que funcionaron en el país. No obstante, pienso que la creación de este dispositivo, como política represiva de Estado, sólo se explica por la potencia militar y económica, así como por la amplia influencia que alcanzó a mediados de los 70 un movimiento revolucionario amplio, diverso, radical y verdaderamente decidido a la toma del poder político. Si no se entiende que existieron posibilidades ciertas de que un proyecto de corte nacional popular tuviera fuerte influencia en el sistema político y, eventualmente, controlara el Estado, no se puede comprender la modalidad represiva desarrollada.

Pero tal vez sea un fenómeno extranacional el que proporcione las claves decisivas. En el contexto de la Guerra Fría, Estados Unidos debía asegurar su hegemonía en el continente, como paso primero e indispensable para alcanzar posteriormente la hegemonía mundial. En este sentido, no se pueden separar las llamadas "guerras sucias", ocurridas en muchos de los países de América Latina, de la carrera norteamericana por ganar aquella otra Guerra y tratar de convertirse así en única potencia a nivel mundial. En ese escenario era inadmisible la posibilidad de cualquier proyecto alternativo que no dejara a los países americanos bajo el control absoluto de los Estados Unidos. Ni el socialismo democrático de Allende, ni un peronismo de raíz nacional-popular con influencia de sectores radicalizados, ni la alianza política de la izquierda uruguaya con fuerte presencia del comunismo, a pesar de sus diferencias ostensibles, resultaban "tolerables" para un proyecto de apertura y penetración profunda de las economías, las sociedades y los sistemas políticos que no admitía freno ni contraparte. Era preciso impedir cualquier propuesta alternativa, pero esto no resultaba sencillo en un continente bastante organizado, con experiencia de movilización y frente al cual la política norteamericana había perdido legitimidad, sobre todo después de la Revolución Cubana como una posibilidad, y de Vietnam como otra posibilidad: la de derrotar al gigante.

La particular violencia del caso argentino, con una secuela de treinta mil desaparecidos sin paralelo con ningún otro país latinoamericano –a excepción de Guatemala–, puede pensarse precisamente por la extensión e influencia de los movimientos armados. Si cualquier política alternativa era inadmisible para el imperio, y debía ser erradicada, mucho más drástica debía ser la respuesta a aquellos movimientos que se atrevían a competir con el poder armado del Estado; ante ellos sólo cabía el exterminio. En casi todos los países hubo un tratamiento particularmente radical de desaparición de los militantes armados, ya fuera por su conexión concreta con la guerrilla o por pertenecer a su área de influencia en el contexto de movimientos sociales más amplios.

Así pues, se procedió a cortar de raíz, a exterminar todo germen de organización que existiera en las sociedades latinoamericanas, del signo que fuera, pero, en particular, se trató de aniquilar, sin apelación posible, cualquier intento de desafiar el monopolio el Estado en el uso de la fuerza. Se podría decir que esta violencia de "escarmiento" del Estado, contra aquellos que intentaban poner en entredicho su núcleo más medular, permanece como memoria de un miedo gigante que no se atreve siquiera, en el presente, a reconsiderar la difícil y decisiva relación entre política y violencia.

Las "guerras sucias" fueron una batalla decisiva en el marco de la Guerra Fría y su victoria, lograda a base del terror, permitió la apertura incondicional de nuestra América, a la vez que la marcó en sus formas económicas, políticas y, lo que es más fuerte aún, en sus horizontes de pensamiento, "recortando" lo pensable de lo que definitivamente debía expulsarse de toda consideración.

Posfacio a la presente edición

Este texto, escrito en los años noventa y publicado por primera vez casi una década más tarde, se interroga sobre la compleja relación entre violencia y política en la Argentina de los años setenta. Al escribirlo, traté de no quedar atrapada en los horrores del terrorismo de Estado ni en la innegable responsabilidad militar en esos acontecimientos. En cambio, busqué incursionar en el papel que jugó la militancia armada de aquellos años. No se trataba ni se trata de equiparar culpas ni señalar demonios dobles, triples o simples, sino, por el contrario, de evitar demonizar a la política y a sus protagonistas tratando de adentrarme en las concepciones y prácticas que, por aquellos años, vincularon de manera tan desafortunada la acción política con la violencia. El análisis concluye, en términos generales, en que el recurso a la violencia, por la forma en que se utilizó en la década de 1970, implicó más una falta de política que una "falta" política.

Desde entonces –y más aún con el paso del tiempo– resulta claro que lo ocurrido en la Argentina entre 1976 y 1983 no puede aislarse de lo que sucedió en la región, en el continente y, un poco más tarde, en el mundo. La política de desaparición forzada y aniquilamiento de la disidencia fue una constante en toda América Latina, en especial contra las insurgencias armadas, y ha seguido ocurriendo, sobre otros sectores, en distintas regiones del planeta.

En el contexto de la organización bipolar del mundo y de una guerra que, no por llamarse "Fría", fue menos violenta –al menos para los países periféricos–, también los escenarios políticos nacionales adquirieron rasgos bélicos, delimitando campos enfrentados de amigos y enemigos. La noción de "guerra" no aparecía sólo en el lenguaje, sino que atravesó las prácticas políticas, en especial las estatales. En el caso de la Argentina y de otros países de la región, también las organizaciones guerrilleras pensaron y actuaron en términos bélicos con distintas argumentaciones, más o menos legítimas según el grado de usurpación y la fuerza represiva de los respectivos Estados. La política misma se desdibujó para pensarse como un asunto de amigos y enemigos, que, como tales, necesitaban vencerse y expulsar uno al otro, desplazando así lo propiamente político, como la negociación, las alianzas y la movilización, sustituyendo el debate por el combate.

En tales circunstancias, la potencia del Estado no se limitó a tratar de controlar la situación militar y política –parte de sus atribuciones, si no legítimas, al menos legales–, sino que elevó los niveles de violencia creando en su propio seno estructuras y prácticas abiertamente ilegales. Así, se configuró una suerte de "paraestado" dentro de las estructuras institucionales, para rebasar incluso el concepto de "guerra" antisubversiva y convertirlo en una campaña de aniquilación y exterminio de la disidencia política, en especial la armada.

Fue dentro de esta bipolaridad que se instauró el terrorismo de Estado en la Argentina y regímenes semejantes en otros países de la región, asegurando el control estadounidense en el continente. En este sentido, aunque se inscriben dentro de las lógicas y procedimientos del mundo bipolar, los años setenta anticiparon prácticas que se profundizarían con posterioridad en la fase global, como la creación de Estados de excepción para amplios sectores de la población y la articulación de prácticas legales e ilegales desde el propio aparato estatal.

La Argentina desempeñó un papel relevante dentro de esta estrategia de eliminación regional de la disidencia. Fue el país en el que se registró mayor número de desapariciones forzadas –con excepción de Guatemala– y en el que los nuevos dispositivos represivos alcanzaron su máxima expresión, llegando a conformar verdaderos campos de concentración-exterminio. Vale decir que estos centros clandestinos no sólo fueron depósitos de cuerpos para su eliminación más o menos inmediata, como ocurrió en otros países, sino que funcionaron como complejos dispositivos en los que las personas vivían, trabajaban, parían y sufrían durante largos períodos, incluso años. Además, ya entonces se ensayó en ellos una modalidad mixta, entre el hacinamiento y el aislamiento, y se recurrió a prácticas como la obturación sensorial y la suspensión del movimiento de los prisioneros, preanunciando parte de los modelos represivos posteriores, característicos de la globalización.

La victoria "occidental y cristiana", que ya "olía" a neoliberal, se instauró primero mediante estas violencias enormes y desmedidas por parte del Estado, para consolidarse luego con los procesos de "tránsito a la democracia", que erradicaron del discurso la legitimidad de cualquier forma de violencia política que no fuera estrictamente estatal. Se eliminó así el derecho de rebelión –reconocido incluso por clásicos del pensamiento liberal como John Locke– del horizonte de posibilidad de las luchas políticas consideradas legítimas. Ese borramiento de la violencia –que persiste hasta el presente– proviene tanto de la derrota de los proyectos alternativos en el campo político y en el de las ideas, como del enorme costo que su utilización representó para las vanguardias de la época. De allí que adquiere un doble sentido: a la vez que reafirma el principio del monopolio del Estado en el uso de la fuerza, funcional al poder instituido, representa un acto de memoria y apropiación de las experiencias revolucionarias derrotadas. Es, al mismo tiempo, olvido del derecho de rebelión, recuerdo del miedo, pero también memoria y conciencia del uso fallido de la violencia en el campo de la lucha política.

Con la desaparición de la organización bipolar del mundo y el inicio de la fase de reorganización global, la violencia no disminuyó, sino que se transformó, tanto en sus modos como en sus objetivos. Era necesario entonces instaurar un nuevo régimen planetario, que requería de un marco jurídico supranacional y un poder represivo que, en el mismo nivel, garantizaran su aplicación.

El debilitamiento de los Estados-nación y su penetración por parte de los intereses corporativos privados, que tuvo lugar en casi todo el mundo, no implicó la desaparición de la forma "Estado", sino su escalamiento a un nivel superior: el global. En efecto, las funciones estatales fundamentales fueron, desde sus orígenes, la concentración del poder en una instancia unitaria que dictara la norma jurídica y la asegurara con el monopolio de la fuerza legítima; la conformación de un Estado de derecho que reconociera ciertas garantías individuales, pero que estuviera habilitado para suspenderlas mediante el Estado de excepción; la instauración de un orden que garantizara la "paz interna", es decir, la eliminación o el control del conflicto; la creación de un aparato burocrático capaz de administrar y establecer políticas económicas y poblacionales. Estas atribuciones no desaparecieron con la globalización, sino que recayeron en organismos transnacionales con jurisdicción sobre un territorio que ya no era la nación, sino el planeta. En este sentido, se conformaron instancias estatales supranacionales —como el Consejo de Seguridad de Naciones Unidas, la Organización del Tratado del Atlántico Norte, el Fondo Monetario Internacional–, articuladas con las específicamente nacionales y controladas, no por uno, sino por un conjunto de Estados-nación, correspondientes a las potencias centrales.

Esta reorganización planetaria implica, como toda reconfiguración hegemónica, transformaciones en lo jurídico y grandes dosis de violencia para imponer el nuevo orden e impedir cualquier forma de resistencia efectiva. En este sentido es preciso considerar la guerra antiterrorista y el combate al crimen organizado como las estrategias que permiten modificar la legislación vigente, incorporar figuras de excepción que coexisten con el Estado de derecho y desplegar grandes violencias que provienen de las instancias estatales supranacionales en articulación con las nacionales.

La guerra antiterrorista habilita y legitima la intervención militar en cualquier punto del planeta que se resista al nuevo ordenamiento, abriendo numerosos "agujeros" en el mapa mundial, en los que se suspende todo derecho –internacional, bélico, comercial–. A su vez, ha dado lugar a un proceso de homologación jurídica internacional mediante la promulgación de diferentes legislaciones nacionales antiterroristas que, según los países, amplían o restringen el concepto de terrorismo para validar la persecución violenta y la suspensión de derechos de sus oponentes políticos internos.

Por su parte, la lucha contra el "crimen organizado" ha propiciado otra homologación jurídica –el endurecimiento generalizado de las penas–, por la cual los más diversos Estados aprueban legislaciones que propician el incremento de la población penitenciaria y la creación de figuras de excepción que limitan los derechos vigentes. La fuerza de estas leyes y su forma de aplicación se dirigen principalmente contra jóvenes pobres, en todo caso operadores menores de las redes mafiosas, sin alcanzar nunca a sus cabezas, que suelen gozar de la protección de hecho de los poderes constituidos. A su vez, estas políticas propician la intromisión de instancias extranacionales al tratar el fenómeno como un asunto de interés global.

Ambos combates, contra el "terrorismo" y contra la "delincuencia organizada", atraviesan las fronteras de los respectivos países. El primero lo hace desde el ámbito internacional para intervenir en los Estados-nación e impedir su eventual "penetración" por el terrorismo. El segundo se formula a partir de condiciones de carácter interno, que se abordan con lineamientos políticos homologados y calificados a nivel internacional, por sus eventuales repercusiones en ese ámbito. Uno y otro instauran legislaciones de excepción tanto en lo nacional como en lo internacional, las cuales habilitan el uso de violencias extremas, que sobrepasan el derecho ordinario.

Si no se puede entender el terrorismo de Estado de los años setenta por fuera de la llamada Guerra Fría y sus estrategias para América Latina, tampoco es posible hoy explicar decisiones como la aprobación de una ley antiterrorista en la Argentina (donde no existe grupo alguno que pueda caracterizarse como tal) o dar cuenta de las políticas de incremento de la penalización, sin remitirlas a las presiones y los condicionamientos del nuevo orden global.

En los años setenta, la Argentina estuvo a la cabeza de las políticas represivas. En la actualidad, en cambio, ha alcanzado avances importantísimos en la defensa de los derechos humanos, como son los juicios contra los responsables por crímenes de lesa humanidad ocurridos precisamente entonces. Los avances no se refieren sólo a las violaciones de derechos cometidas por otros gobiernos en el pasado, sino también a la autolimitación del poder del Estado a través, por ejemplo, de la decisión política de no recurrir a la represión frente a la movilización popular, sea esta del signo que sea. Aunque debilitada por la acción de algunas administraciones provinciales, el gobierno nacional ha sostenido esta decisión garantizando la libre expresión del disenso en las más diversas circunstancias. No obstante estos avances, la Argentina no ha logrado poner un dique suficientemente poderoso a las políticas globales de homologación de la legislación antiterrorista y de persecución del delito basada en el incremento de las penas, medidas que constituyen el armazón represivo del nuevo orden global.

A fines de 2011 y a instancias del gobierno nacional se aprobó la Ley Antiterrorista, contraria al Estado democrático de derecho, sin duda para cumplir con las exigencias de organismos supranacionales como el G20 y el Grupo de Acción Financiera Internacional (GAFI). En relación con el combate al "crimen organizado", se utilizan recursos militares para la vigilancia de la frontera norte ante eventuales problemas de seguridad transnacional ligados al narcotráfico y la trata de personas. Esto ha suscitado la preocupación de algunas organizaciones de defensa de los derechos humanos, ya que el uso de personal militar en estas funciones debilita la separación entre defensa nacional y seguridad interior, y entra en contradicción con los principios de seguridad democrática.

Por último, como resultado de la presión mediática y de otros sectores sociales, se ha aplicado cierta "demagogia punitiva", que ha conducido a la reducción de la edad penal y a la consolidación de altas tasas de encarcelamiento (las cuales, no obstante, han adoptado una tendencia regresiva en los últimos años). Sin embargo, el deterioro de la situación de las cárceles se mantiene y, según el *Informe 2012* del Centro de Estudios Legales y Sociales (CELS), "presenta las violaciones de derechos humanos más crudas", que incluyen la tortura y la muerte de los detenidos, como ocurre en la mayor parte de los países de la región.

Todo ello configura un panorama de claroscuros que, sin configurar una política represiva, sin embargo abre espacios para la aplicación de los modelos de seguridad propiciados por el nuevo orden global. Es importante destacar esto porque, a pesar de las resistencias a dichos avances que se articulan desde distintos ámbitos del gobierno y la sociedad, la Argentina no queda al margen ni ha podido permanecer inmune a la marea securitaria.

Los escenarios de la globalización tienden a ir incorporando paulatinamente a las naciones dentro de sus "guerras", es decir, dentro de su orden, que no es menos violento que el bipolar. Tienen un éxito relativo en ese intento: en algunos casos lo logran sin más; en otros encuentran resistencias más o menos poderosas pero siempre significativas; otros más se oponen de manera abierta. Vale la pena subrayar que cualquier resistencia gubernamental es importante porque, hoy como ayer, las mayores expresiones de fuerza provienen de, o son protegidas por, las instancias estatales. Además, estas "guerras", que se expanden por el mundo gracias a los Estados que las propician, provocan cientos de miles de víctimas civiles en distintas partes del planeta, entre muertes y desapariciones forzadas, que no han cesado de ocurrir.

La actual configuración del poder, así como sus violencias, se debe pensar en términos locales, nacionales, regionales y globales. Si bien cada uno de estos niveles tiene su especificidad y es insustituible, ninguno se puede considerar de manera aislada. Prácticamente en todos ellos se verifica la penetración de lo privado corporativo dentro de las estructuras públicas, ya sean políticas, sociales o represivas. De este modo, se conforma una densa red que enlaza circuitos legales e ilegales, públicos y privados, que impone sus proyectos de acumulación por medio del despliegue de enormes violencias, aunque sin necesidad de hacerse responsable por ellas. Como ocurrió en los años setenta, la parte ilegal del dispositivo asume las violencias que exceden al derecho e incluso a las legislaciones de excepción, para hacer valer el uso ilimitado de la fuerza. En las democracias actuales, la política no prescinde del uso de la fuerza, como nunca lo ha hecho, pero la permisividad de cada sociedad y su gobierno respecto de la penetración de los intereses corporativos y de la articulación de las prácticas ilegales con las instituciones puede ser decisiva en el incremento de los niveles de violencia.

Si el núcleo violento de lo estatal permanece y se multiplica en lo global para atravesar las estructuras sociales donde lo considere pertinente o necesario, cabe preguntarnos entonces por la eventual verosimilitud del discurso no violento como requisito de las resistencias. ¿Es posible resistir la violencia de manera absolutamente pacífica? ¿Sería esa la enseñanza que se desprende de las frustradas experiencias armadas de los años setenta? Por el contrario,

¿la extensión y la legitimación de un pacifismo a ultranza podrían ser consideradas como una suerte de internalización de aquellas derrotas? Más aún, ¿la deslegitimación de cualquier práctica violenta no obedecerá justamente al juego del poder, que amenaza con colocar toda violencia en el "fuera de lugar" del terrorismo y el crimen?

La experiencia de las últimas décadas en América Latina y en la Argentina parece habernos permitido aprender de los errores del pasado y pensar de otra manera la relación entre política y violencia. Actualmente, las resistencias políticas suelen evitar la violencia y recurrir a otras estrategias, siempre que pueden. No obstante, hay momentos en que ese recurso se activa y emerge un ¡ya basta!, como ocurrió en diciembre de 2001 en la Argentina. Algo semejante podría afirmarse acerca de diversas formas de lucha social y política en las cuales la toma de calles y vías de comunicación, e incluso el recurso a las armas, como en el caso zapatista, constituyen las sendas para volver visible y audible lo que se busca excluir sin más. De hecho, la fuerza puede ser necesaria para abrir el espacio político de la argumentación y la palabra. No son prácticas que busquen escalar la violencia, sino detenerla, ponerle un alto para abrir otro juego, y muchas veces lo logran. En síntesis, se mueven en un extraño y difícil equilibrio que consiste en detener la fuerza de los aparatos de poder sin elevar el enfrentamiento.

Esto es así por diferentes razones. Por una parte, porque su fuerza no alcanza a rebasar la del Estado y sus aliados, ni pretende hacerlo; es decir, se trata de un principio de eficiencia. Por otra, porque la contención de la violencia corresponde a una postura ética que, reconociendo el recurso a la fuerza como parte constitutiva de la política, sabe que esta no puede ni debe ser ilimitada. Por último, lo cierto es que las resistencias suelen ser bastante más éticas que los poderes estatal-corporativos, no sólo porque restringen su violencia, sino porque reivindican el lugar del Otro excluido.

La política, al menos la moderna, es inseparable de la violencia, puesto que en su núcleo se hallan las relaciones de fuerza y dominación propias del ejercicio del poder. Sin embargo, para ser verdaderamente política, requiere un proyecto de sociedad que comprenda una cierta visión de la justicia, sustentada en ideas y valores, es decir, una consideración de los otros, de una ética. Así, el núcleo violento de la política la impulsa en una dirección que es atemperada, retenida, contrarrestada por la ética, también inseparable y consustancial a ella. A mi juicio, desconocer cualquiera de estos núcleos que la tensan y la exigen puede ser tan irreal como peligroso.

La revisión crítica de algunas experiencias armadas de los años setenta que propongo en este libro busca recuperar sus sentidos y sus sinsentidos en relación con las necesidades y las urgencias políticas del presente. Es decir, intenta ser un ejercicio de memoria, en el sentido fuerte de la palabra. Aquellas formas de articulación entre la ética, la política y la violencia han dejado una impronta que es necesario sacar a la luz y examinar de manera crítica, para poder plantearnos cómo establecer esa relación en un presente bastante distinto, pero también "marcado" por esa parte de la historia. La marca no es sólo marca del dolor; remite también al amor, a lo aprendido, a lo pendiente. Tal vez uno de los asuntos pendientes de mayor significación sea volver a pensar, después del miedo, cuáles son las formas legítimas o ilegítimas de la violencia –sea estatal o resistente–, cuáles deben ser sus autorrestricciones y, en especial, cómo articular ética y política en la Argentina actual, en nuestra América, en este mundo global en el que todo parece haber cambiado, menos la injusticia.

México, marzo de 2013